Christoph Bausenwein

München

Populäre Irrtümer
und andere Wahrheiten

Inhalt

Zum Geleit

Obwohl gebürtiger Nürnberger, wurde ich schon als Kind mit wunderlichen Geschichten aus dem alten München versorgt: von meinem Großvater, der dort bei Alois Alzheimer an der psychiatrischen Universitätsklinik studierte, sowie von meiner Großmutter, die viele Jahre im Mädcheninternat Max-Joseph-Stift verbracht hat.

Meine größte Freude als Zwölfjähriger war es, 1972 im Olympischen Dorf herumspazieren zu dürfen. Dass ich später als Fußballautor am FC Bayern nicht vorbeikam, war naheliegend. Eines

meiner Bücher über den deutschen Rekordmeister ist in dieser Reihe erschienen.

Auf den folgenden Seiten wird daher kaum etwas über Fußball zu lesen sein, dafür umso mehr über die vielfältigen Schön-, Eigen- und Besonderheiten dieser nördlichsten Stadt Italiens, die ich bis heute immer wieder mit Begeisterung besuche und neugierig erforsche, weil sie mir – wie einst schon dem gebürtigen Lübecker Thomas Mann – „ganz ausnehmend“ gut gefällt.

Feldmoching – Hasenbergl
Allach – Untermenzing
Moosbach
Milbertshofen – Am Hart
Schwabing – Freimann
Aubing – Lochhausen – Langwied
Pasing – Obermenzing
Neuhausen – Nymphenburg
Schwabing-West
Maxvorstadt
Bogenhausen
Laim
Schwan-thalerhöhe
Altstadt – Lehel
Ludwigsvorstadt – Isarvorstadt
Au – Haidhausen
Berg am Laim
Trudering – Riem
Hadern
Sendling – Westpark
Sendling
Obergiesing
Ramersdorf – Perlach
Untergiesing – Harlaching
Thalkirchen – Obersendling – Forstenried – Fürstenried – Solln

Steckbrief

Name: München (ursprünglich: Munichen – „bei den Mönchen")
Einwohner: 1.564.006 (Stand: 2021)
Zu-/Wegzüge: 3462 (Stand: 2020)
Natürlicher Saldo: + 5280 (Stand: 2020)
Fläche: 310,71 Quadratkilometer
Anteil Grün-, Wald- und Wasserflächen: 67,44 Quadratkilometer
Höhe: 519 Meter über N. N.
Länge der Isar im Stadtgebiet: 13,7 Kilometer
Inseln: Museumsinsel, Praterinsel
Stadtbezirke: 25
Ersterwähnung: 1158
Residenz der Wittelsbacher: 1255
Ältestes erhaltenes Bauwerk: Latrine am Marienhof (1260)
Hauptstadt Bayern: 1506 (Herzogtum), 1806 (Königreich), 1918 (Freistaat)
Schwarze Stunden nach 1945: Olympia-Attentat 1972, Oktoberfest-Attentat 1980, Attentat im Olympia-Einkaufszentrum 2016
Besondere Ereignisse: Olympiade 1972, Finale Fußball-WM 1974
Spezielle Veranstaltungen: Oktoberfest (seit 1810), Opernfestspiele (seit 1875), Theatron (seit 1974), Tunix (seit 1981), Dance (seit 1987), Stadtgründungsfest (seit 1988), Tollwood (seit 1988), Streetlife (seit 2000), Afrika-Tage (seit 2004), Brunnenfest (seit 2011), Rockavaria (seit 2015)
Wichtige Sportanlagen: Olympiapark, Allianz-Arena, Kanustrecke an der Floßlände Maria Einsiedel, Regattastrecke Oberschleißheim
Trendigstes Quartier: Werksviertel am Ostbahnhof
Spezielle Getränke: Weißbier, Russ
Sprache: Münchnerisch

Zahlen & Fakten

Mit fast **4800 Einwohnern pro Quadratkilometer** ist München die am dichtesten besiedelte Stadt Deutschlands.

Vom tiefsten Punkt an der Regattastrecke Oberschleißheim zum höchsten Punkt, dem 580,5 Meter hohen Warnberg im Ortsteil Solln, sind **100,5 Höhenmeter** zu überwinden.

Die aus **2784 Luftkissen** bestehende Außen- und Dachfläche der Allianz-Arena bedeckt **66.500 Quadratmeter** und ist doch kleiner als das **74.800 Quadratmeter** große Zeltdach des Olympiageländes.

Der **Olympiaturm** ist mit **291,28 Metern** das höchste Bauwerk.

Das Schloss Nymphenburg ist **632 Meter breit** – und damit **32 Meter** breiter als das Vorbild Versailles.

Im Residenzmuseum sind **130 Wohn-, Fest- und Sammlungsräume** aus verschiedenen Epochen zu sehen (Renaissance, Barock, Rokoko und Klassizismus).

Mit **circa 570.000 Quadratmetern** umbauten Raum ist die Residenz das größte Innenstadtschloss Deutschlands.

Der Englische Garten gehört mit einer Grundfläche von **3,75 Quadratkilometern** zu den größten Parkanlagen der Welt.

Das U-Bahn-Netz ist **103 Kilometer lang** und maximal **36 Meter tief**. Die längste Rolltreppe (Lenbachplatz) hat **247 Stufen** und misst eine Länge von fast **57 Metern**.

Mehr als **10 Millionen Euro pro Jahr** nimmt die Stadt München durch Falschparker ein.

Mehr als **54.700 Münchnerinnen** und **3300 Münchner** hießen 2020 mit einem ihrer Vornamen Maria.

Die Skulptur „Walking Man“ von Jonathan Borofsky vor der Munich Re in der Leopoldstraße ist **17 Meter** hoch und hat **Schuhgröße 302**.

Als ältester Baum auf dem Stadtgebiet gilt die **circa 350 Jahre** alte Röth-Linde in Nederling, Stadtteil Moosach.

2018/2019 kamen über **1,6 Millionen Besucher** zu den 22 Heimspielen des Rekord- und Serienmeisters FC Bayern in der Allianz-Arena. Etwa genauso viele Zuschauer sahen 2019 die **3465 Vorstellungen** der acht staatlichen und städtischen Theaterunternehmen Münchens.

Und das sind die Wiesn-Rekorde: Die meisten Besucher kamen 1985, nämlich **7,1 Millionen.**; die meisten Maßen wurden 2011 ausgeschenkt, nämlich **7,9 Millionen**; für die Entleerung standen den Männern über 1000 Meter Pissoir-Rinnen zur Verfügung.

AHA!

Am Anfang war das „-ing“

Viele Stadtteile Münchens enden auf „-ing“. Und rund um München liegen noch mehr Orte, die ebenfalls die Endung „-ing“ aufweisen. Etliche stehen heute für moderne Forschung und Industrie. Dabei sind sie allesamt wesentlich älter als die Stadt selbst. Und genau das verrät schon die Endung „-ing“.

Freising war Bischofssitz, Unterhaching hatte eine Spielvereinigung in der ersten Bundesliga, Eching wirbt mit einer „Brass Wiesn“. Garching ist bekannt durch ein Max-Planck-Institut für Astrophysik und einen Forschungsreaktor, Dingolfing durch ein BMW-Werk, Daglfing durch eine Trabrennbahn. Die Endung „-ing“ aber hat mit all dem natürlich nichts zu tun. Auch die ersten Siedler der sogenannten Glockenbecherkultur, die in der frühen Bronzezeit vor etwa 4000 Jahren das Gebiet um Sendling bewohnten, haben keine Bezeichnungen hinterlassen. Das Suffix „-ing“ brachten ab dem 6. Jahrhundert hingegen germanische Führer mit, als sie mit ihren Familien und Gefolgsleuten das Isarufer besiedelten. Eine Gedenktafel an der Plinganserstraße 120 erinnert an den ersten Sendlinger namens „Sentilo“, dessen Sippe unter der Straße ihren Friedhof hatte.

Das „-ing“ leitet sich wohl vom germanischen -jung ab. Es bezieht sich also auf die Nachkommen und Untergebenen eines Anführers und drückt eine Zugehörigkeit aus im Sinn von: die Siedlung der Leute des xy. Der Ortsname konnte dann später auch als Familienname übernommen werden, wie etwa im Fall der schon 1170 in München urkundlich erwähnten Patrizierfamilie der Sendlinger beziehungsweise Sentlinger. Schwabing wurde 782 als Svapinga, also als Gründung eines Svapo oder Schwaben urkundlich erwähnt. Wenig später, nämlich 817, folgte Menzinga, wo sich die Leute des Manzo niederließen. Und ähnlich verhielt es sich, von Anzing über Giesing bis Zorneding, bei allen Siedlungen und heutigen Stadtteilen.

Viele der germanischen Landnehmer im ursprünglich slawisch besiedelten Alpenraum kamen aus dem schwäbischen Gebiet. Im Schwäbischen endeten die Namen von Neugründungen auf „-enga“ und wurden zu „-ingen“ verschriftlich. Östlich des Lechs, also im bayerischen Sprachgebiet, findet sich vorwiegend das „-ing“. Und das pflanzte sich dann vielerorts fort mit Präfixen, wenn ein Ort sich aufteilte, etwa in ein Ober-, ein Mittel- und ein Untersendling.

Manche Ortsnamen regen heute zum Schmunzeln an, etwa Poing (Landkreis Ebersberg), Petting (Landkreis Traunstein) oder Fucking. Letzteres liegt heute im österreichischen Bezirk Braunau am Inn und wurde von einem „Focko“ und seiner Sippe gegründet. Als der Spott im Zuge der Anglisierung des deutschen Sprachraums immer größere Ausmaße annahm, beschloss die einst zu Bayern gehörende Gemeinde eine Namensänderung. Seit Januar 2021 heißt sie Fugging.

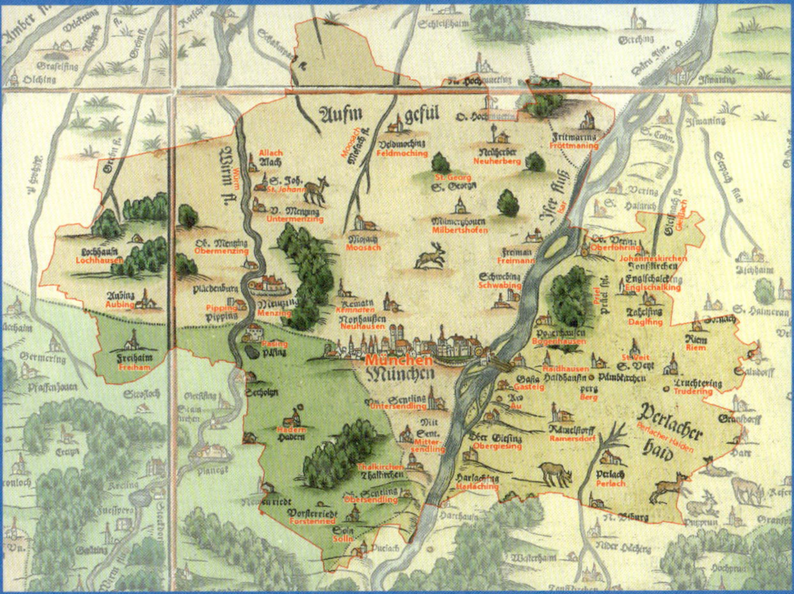

Ausschnitt der bayerischen Landtafel Philipp Apians (1568) mit dem heutigen Umriss der Stadt München. Stadtteile wie Sendling oder Schwabing waren damals noch Dörfer.

Salz bei Munichen

Die Legende von der Entstehung Münchens geht so: Mitte des 12. Jahrhunderts habe der Welfenherzog Heinrich der Löwe eine Isarbrücke bei Föhring niederbrennen lassen, über die sein Onkel, Bischof Otto I. von Freising, den einträglichen Salzhandel betrieben hatte. Dann habe er das Geschäft über eine südlicher gelegene Konkurrenzbrücke geleitet und dort einen Markt begründet.

Mit einer Urkunde vom 14. Juni 1158, der sogenannte „Augsburger Schied", bestätigte Kaiser Friedrich I. Barbarossa entsprechende Rechte dieses „Marktes bei den Mönchen" („forum apud Munichen"). Die Urkunde gilt heute als offizielles Gründungsdatum Münchens. Bereits etliche Jahre zuvor, so die Legende weiter, hätten Mönche des Klosters Tegernsee eine Siedlung auf dem Petersbergl angelegt. Die Existenz einer solchen Siedlung ist für diesen Zeitpunkt freilich genauso wenig belegt wie die Zerstörung einer Brücke bei Föhring.

Nachgewiesen ist, dass sich damals ein Terrain bei Sendling im Besitz der Benediktiner des Klosters Schäftlarn befand. Die erste Keimzelle des nun mit Zoll- und Münzrechten versehenen Marktes befand sich jedoch eher am Altheimer Eck, da sich hier wichtige Straßen kreuzten. Unstrittig ist, dass der Freisinger Bischof auf seinem Gebiet in Föhring einen Markt samt Münze betrieb und für die Nutzung der dortigen Isarbrücke Zölle erhob, ohne dafür ein verbrieftes Recht zu besitzen. Der Ort lag ideal, denn hier verlief eine von Reichenhall kommende und in Richtung Augsburg weiterführende ehemalige Römerstraße.
Der Name des schnurgerade auf die Isar zulaufenden Salzsenderweges in Oberföhring bezieht sich auf die Fuhrunternehmer, die ihn zum Transport des kostbarsten Fernhandelsguts des Mittelalters nutzten: das Salz aus dem Salzbergbau in Berchtesgaden und den Salinen in Reichenhall. In Zeiten, in denen es keine Kühlung gab, war Salz die einzige Möglichkeit zur Haltbarmachung und Konservierung von Lebensmitteln. Salz war wertvoll wie Gold und die Beherrschung der Salzstraßen entsprechend lukrativ. Genau deswegen wollte Heinrich der Löwe das Geschäft unbedingt auf seinem Gebiet abwickeln.

In dem erwähnten Dokument sorgte der Kaiser für eine klare Rechtslage: Ottos Markt samt Zollbrücke und Münze solle „künftighin nicht mehr bestehen. Zum Ersatz dafür hat unser Vetter Herzog Heinrich der Kirche von Freising ein Drittel des Gesamteinkommens aus seinem Marktzoll zu München übertragen, sei es aus Abgaben für Salz, sei es für andere dort ein- oder ausgehende Groß- oder Kleinstückswaren“. Das Ergebnis: Föhring blieb ein Bauerndorf und München, das sich ab 1332 eines Salzhandelsmonopols für Süddeutschland erfreute, stieg zu einer wohlhabenden Handels- und Residenzstadt auf.

Die Salztransporte aus Reichenhall kamen über eine Isarbrücke in die Stadt, Stadtansicht von 1493 aus der Schedelschen Weltchronik.

AHA!

Vom Mönch zur Kindl-Frau

Das Wappen Münchens mit Bezug auf die legendären namensgebenden Mönche taucht bereits auf den Stadtsiegeln des 13. Jahrhunderts auf. Abgebildet ist ein nach rechts blickender Mönchskopf mit Kapuze in einem zinnenbekrönten Tor. Spätere Siegel zeigen eine stehende Mönchsfigur mit erhobener rechter Hand und einem Buch in der linken Hand. Wohl durch missverständliche Darstellungen wurde dieser Mönch später als Kind gedeutet. Und schließlich erschien der Bub beim Oktoberfest als junge Frau.

Schon kurz nach der Erlangung des Stadtrechts – München wurde im Jahr 1214 erstmals als „civitas“ bezeichnet – begann der Mönch seine Karriere als „Markenzeichen“ der späteren bayerischen Metropole. Das offizielle Stadtwappen zeigt heute einen Mönch mit goldgeränderter schwarzer Franziskanerkutte sowie roten Schnabelschuhen und einem roten Buch. In der Stadtwappensatzung wird die Szene interpretiert als Schwur auf das Stadtrechtsbuch. Denkbar ist aber auch, dass es ursprünglich die

Münchner Kindl auf dem Münchner Rathaus

ausgestreckte segnende Hand und ein Evangelienbuch darstellen sollte. Letzteres würde jedenfalls besser zu der Theorie passen, dass eine Mönchssiedlung die Keimzelle der Stadt war.

Bleibt die Frage, wie der Mönch zum Kindl wurde. Vermutlich leiteten zunächst eher zufällig kindlich wirkende Darstellungen einen Prozess der Verniedlichung der Mönchsfigur zum „Kindl" ein. Die Bezeichnung als „Münchner Kindl" ist erstmals 1727 nachgewiesen. 1847 zeichnete Kaspar Braun ein Kindl, das aus dem Wappen steigt. Ab 1880 firmierte eine Brauerei unter dem Namen „Münchner Kindl". Und für die im Jahr 1905 von Anton Schmid geschaffene Figur auf der Spitze des Rathausturms stand sein 1896 geborener Sohn Modell, der spätere Volksschauspieler Ludwig Schmid-Wildy.

Um die Wende zum 20. Jahrhundert avancierte das Kindl zur beliebtesten Werbefigur Münchens. Postkarten und Plakate, wie sie vor allem Paul Otto Engelhard und Otto Obermeier in großer Menge entwarfen, zeigten es mit Sehenswürdigkeiten, mit Brezen, Weißwürsten, Rettich und nicht zuletzt natürlich mit Bier. Das Geschlecht des Kindls wurde dabei immer undeutlicher und queerer, spätestens seit den 1920er-Jahren war es ziemlich eindeutig mädchenhaft.

Eine Verwandlung des Mädchens zur stattlichen jungen Frau erfolgte schließlich ab 1937, als mit Gabriele Steinacker erstmals ein „echtes" Kindl den Oktoberfest-Umzug anführte. Ihre Nachfolgerin im Jahr darauf war Ellis Kaut, die spätere Erfinderin eines ganz anderen, besonderen Kindls: des rothaarigen Kobolds „Pumuckl".

Münchner Kindl von Paul Otto Engelhard, Postkarte von 1912

Von Brezen und Laugen

Die knusprig braun gelaugte Brezel beziehungsweise Breze oder bayerisch Brezn gehört zwingend zur Weißwurst und zum Obazdn, gern wird sie auch solo zum Bier geknabbert. Wo aber kommt sie her? Der 11. Februar 1839 gelte „als der nachweislich erste Tag, an dem eine Laugenbreze verkauft wurde", heißt es auf der Webseite der Marketingagentur „alp" des Freistaates Bayern. Leider ist diese Behauptung nachweislich falsch.

Laut der oft erzählten Legende sei dem Bäcker Anton Nepomuk Pfannenbrenner an diesem Tag ein folgenschwerer Fehler unterlaufen, als er seine Brezen statt mit Zuckerwasser aus Versehen mit der eigentlich für die Reinigung der Bleche vorgesehenen Natronlauge glasiert habe. Das überraschend schmackhafte Ergebnis sei dann aber doch im Kaffeehaus Eilles zum Verkauf

gekommen, der württembergische Gesandte Wilhelm Eugen von Ursingen habe es als Erster gekostet und sei begeistert gewesen.

Der genannte Bäcker lässt sich freilich nicht nachweisen, der württembergische Gesandte zu dieser Zeit war Philipp Moritz Freiherr von Schmitz-Grollenburg, und der Hoflieferant Eilles eröffnete sein Geschäft erst 1873. Die Hintergründe zur Erfindung der beliebten Laugenbreze müssen also weiter im Dunkeln bleiben. Anders verhält es sich bei der ungelaugten Breze. Da gibt es eine Menge Geschichten, die gut belegt sind.

Schon seit dem Mittelalter findet man auf den offiziellen Siegeln der Bäckerzunft dieses Bildergebäck. Sie ist ein gebackenes Symbol, das die altertümliche Gebetshaltung mit gekreuzten Armen nachbildet. Daher auch der Name: Aus dem mittellateinischen „brachiolum" (Ärmchen) wurde das mittelhochdeutsche „prêzel" und schließlich die heutige Breze. Sie war zunächst vor allem eine Fastenspeise: ungelaugt, ungesalzen und ungezuckert.

Keine Legende ist der nur in München nachgewiesene und 2005 von John Mullarney wiedererweckte Brauch des „Brezenreiters". Er geht zurück auf eine Stiftung des reichen Kaufmanns Burkhard Wadler vom 12. Juli 1318. Er verfügte, dass aus den Einnahmen seines Salzhandels die bedürftigen Bewohner des Heilig-Geist-Spitals allwöchentlich zusätzlich gespeist werden sollten, außerdem solle allen anderen Armen in München einmal im Jahr eine Breze gespendet werden. Abgeschafft wurde der Brauch, nachdem wütende Münchner im Jahr 1801 den Reiter vom Pferd gezogen und verprügelt hatten, weil ihm die Brezen ausgegangen waren.

Nicht überliefert ist, wann genau das Schimpfwort „Breznsoiza" (Brezensalzer) auftauchte. Im Bayerischen werden so bis heute Deppen und Nichtskönner bezeichnet.

Heute gehört die g'salzene Brezn unbedingt zur Weißwurst und zum Bier.

POPULÄRER IRRTUM

Ganz schön verföhnt

Nach landläufiger Meinung zeichnet sich der in München häufig auftretende Föhn vor allem durch drei Phänomene aus: rascher Wärmeeinbruch, tolle Fernsicht und plötzliche Kopfschmerzen. Meteorologen aber wissen, dass der Föhn zuallererst ein warmer und trockener Fallwind ist. Nur bei 20 Prozent aller Föhnlagen setzt sich der Föhnwind bis München voll durch, bei allen anderen Fällen handelt es sich lediglich um föhnige Effekte.

Bei Föhnwind steigt warme Luft in Italien auf, kühlt beim Aufstieg über den Alpen ab, verliert Feuchtigkeit und Schwebeteilchen. Beim Absinken auf der Alpennordseite erwärmt sie sich wieder, die Restfeuchte verdunstet und die Sicht wird extrem klar. Weil die Warmluft in höheren Lagen eine geringere Dichte hat und deswegen ihre Fähigkeit zur Lichtbrechung abnimmt, kommt ein optisches Phänomen hinzu: Das Licht wird wie von einer Lupe abgelenkt und lässt entfernte Objekte größer beziehungsweise näher erscheinen.

Die Kopfschmerzen lassen sich darauf zurückführen, dass bei plötzlicher Erwärmung zum Temperaturausgleich Blut in die Hautgefäße verlagert und so eine Minderdurchblutung im Gehirn verursacht wird.

Der Föhnwind spielte in der Geschichte Münchens eine große Rolle. Am 14. Februar 1327 führte er zu einer Brandkatastrophe,

der fast ein Drittel der damals hauptsächlich aus stroh- oder schindelgedeckten Holzhäusern bestehenden Stadt zum Opfer fiel. Vermutlich von einem glühenden Stück Kohle, das beim morgendlichen Anschüren neben den Ofen gefallen war, seinen Ausgang nehmend breitete sich das durch heftige Böen angefachte Feuer rasch aus. Nicht nur Holzhäuser, auch Kirchen, Klöster, Burg und Rathaus brannten nieder. Das Positive an der Katastrophe: Es folgte eine feuerfestere und zugleich wesentlich prächtigere Wiederauferstehung. Neubauten wurden gemauert und mit Ziegeln eingedeckt, die Straßen durch den vorsorglichen Abriss von Vordächern und Anbauten verbreitert. Besonders findig waren die Bauherren bei der Neugestaltung der nun vergrößerten Kirche St. Peter: Die beiden ausgebrannten Türme wurden abgeschrägt und zwischen den beiden Stümpfen entstand ein einzelner Turm. Auf dessen Aussichtsgalerie in 56 Meter Höhe kann man heute bei Föhn sehr gut die Alpen sehen ...

Bliebe noch die Frage mit dem Haarföhn (den man in München bei durchschnittlich elf Regentagen pro Monat gut gebrauchen kann). Bis zur Rechtschreibreform 1996 hieß der nicht Föhn, sondern in Anlehnung an die gleichnamige Marke der Firma Sanitas „Fön“ beziehungsweise „Foen“. Dementsprechend wurde der stets mit prächtig zurechtgeblasenem Haar daherkommende Fußball-Jungprofi Uli Hoeneß völlig korrekt als „Foeneß“ bespöttelt. Das alleinige Recht, elektrische Haartrockner als „Foen“ zu bezeichnen, besitzt heute die Firma AEG, die 1957 die Markenrechte erworben hat.

Münchner Föhn-Skyline mit den Türmen von Rathaus, „Alter Peter“ und Frauenkirche

Vorbild der Frauenkirchen-Hauben: der Jerusalemer Felsendom (nach der Darstellung in Bernhard von Breydenbachs „Pilgerreise ins Heilige Land", 1486)

Islamische Zwiebelhauben

Obwohl München im 15. Jahrhundert nur etwa 13.000 Einwohner hatte, sollte der Baumeister Jörg von Halspach eine riesige, 20.000 Gläubige fassende Hallenkirche errichten. Finanziert wurde der Bau durch Stiftungen und durch Ablässe spendenfreudiger München-Pilger. Die charakteristischen „welschen Hauben" wurden der 1494 geweihten Frauenkirche erst 1525 aufgesetzt. Die verbreitete Ansicht, dies sei aus Kostengründen geschehen, trifft nicht zu, da „echt" gotische Spitztürme nicht billiger waren. Die Hauben markieren auch keinen durch die italienische Renaissance bewirkten Geschmackswandel. Der Begriff „welsch" bezeichnete nämlich nicht nur das Romanisch-Südländische, sondern grundsätzlich alles „Fremdländische". Plausibler ist, dass populäre Darstellungen des Jerusalemer Felsendoms – des ältesten monumentalen Sakralbaus des Islam – zur Inspiration dieser „typisch bayerischen" Zwiebelhauben wurden.

Springen statt Platteln

Nicht der Schuhplattler, der ja erst Ende des 19. Jahrhunderts durch Trachtenvereine ein bekannter Schautanz wurde, sondern der auf maurische und wohl auch karnevalistische (Schellentanz-)Ursprünge zurückgehende Moriskentanz spielte Ende des 15. Jahrhunderts bei der Ausgestaltung des prächtigen Fest- und Tanzsaals des Alten Rathauses eine herausragende Rolle. Obwohl die monumentale, wappengeschmückte Tonnendecke ansonsten ganz auf die Verherrlichung des Herrschergeschlechts der Wittelsbacher ausgerichtet ist, sind die von dem Bildschnitzer Erasmus Grasser geschaffenen 16 Moriskentänzer auf den Konsolen am Ansatz der Decke das künstlerisch bedeutendste Element. Mit ihren Luftsprüngen und seltsamen Verrenkungen trugen diese frühen „Breakdancer" zur Erheiterung der Gesellschaften an den großen Höfen bei. Ganz offensichtlich konnte ein Herrscher sein Renommee steigern, wenn er besonders spektakuläre Artisten auf die Bühne bat.

Kopie eines Moriskentänzers am Haus Sendlinger Straße 16. Die erhalten gebliebenen zehn Original-Moriskentänzer werden im Münchner Stadtmuseum aufbewahrt.

POPULÄRER IRRTUM

Ein Meißener Politikum

Der heilige Benno ist seit 1580 der Schutzpatron Münchens. Seine Reliquien befinden sich in der Frauenkirche, Fisch und Schlüssel sind seine Symbole. Bennos Todestag, der 16. Juni, wird noch heute mit einer Prozession gefeiert. Viele glauben an seine Wunder. Wer allerdings meint, dass er ein Ur-Bayer gewesen sei, liegt völlig verkehrt. Es war ein besonderes bayerisches Politikum im Streit der Konfessionen, die Gebeine dieses Sachsen nach München zu importieren.

Der als Sohn eines sächsischen Grafen geborene Benediktinermönch wurde 1066 Bischof von Meißen. Als solcher machte sich Benno mehrfach bei König Heinrich IV. unbeliebt: Erst verweigerte er diesem Waffenhilfe, dann stellte er sich in der Frage der Einsetzung von Bischöfen gegen den weltlichen Herrscher. Benno floh nach Rom und warf der Legende nach auf seiner Flucht den Domschlüssel in die Elbe. 22 Jahre später, bei der Rückkehr aus dem Exil, habe er ihn im Bauch eines Fisches wiedergefunden,

Die Bennosäule mit Fisch im Sockel vor der Pfarrkirche St. Benno in der Maxvorstadt

den man ihm in einem Gasthaus serviert hatte. Danach soll er noch viele weitere Wunder bewirkt haben, etwa die Verwandlung von Wasser in Wein oder die Fruchtbarmachung dürren Bodens.

Nach dem Tod des 1106 im Alter von angeblich 96 Jahren verstorbenen Kirchenfürsten entwickelte sich sein Grab im Meißener Dom zu einem derart beliebten Wallfahrtsort, dass er schließlich 1523 heiliggesprochen wurde. Die Erhebung der Benno-Reliquien im Jahr darauf nahm der Reformator Martin Luther zum Anlass, gegen dieses „Narrenspiel“ mit der berühmten Schrift „Wider den neuen Abgott und alten Teufel, der zu Meißen soll erhoben werden“ zu protestieren.

Während im tief katholischen Bayern die Verbreitung und das Lesen von lutherischem Schrifttum unter Strafe gestellt war, wurde in Sachsen die Reformation eingeführt und 1539 das Benno-Grab im Meißener Dom zerstört. Um Bennos gerettete Knochen bewarben sich nun zahlreiche katholische Herrscher. Den Zuschlag bekam schließlich Herzog Albrecht V. von Bayern. Für den Wittelsbacher war es eine hervorragende Chance zur Selbstprofilierung, dem verfolgten Heiligen demonstrativ eine neue Heimat zu geben. Er bereitete den vom letzten Meißener Bischof mit einem Echtheitszertifikat gelieferten Reliquien im Jahr 1576 einen prachtvollen Empfang samt Glockengeläut und Ehrenpforte am Isartor. Vier Jahre später fanden die Gebeine ihren endgültigen Platz in einem Schrein in der Frauenkirche, gleichzeitig wurde Benno zum Schutzpatron Münchens und Bayerns erklärt. Die Frauenkirche entwickelte sich in der Folge zu einem vielbesuchten Wallfahrtsort. Zahlreiche Pilger sollen hier mit „Mirakeln“ beschenkt worden sein.

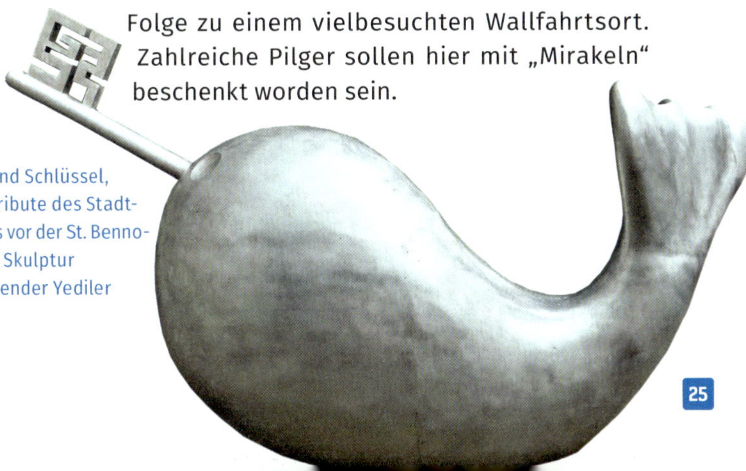

Fisch und Schlüssel, die Attribute des Stadtpatrons vor der St. Benno-Kirche, Skulptur von Iskender Yediler (2005)

AHA!

Der Glaube und das Bier

München gilt als die deutsche Hauptstadt des Bieres. Hier gebe es die besten Biere, so heißt es, und hier habe das Volksgetränk die längste Tradition. Richtig ist, dass im erzkatholischen München schon im 14. Jahrhundert von den Augustinern und den Franziskanern Bier gebraut wurde. Der Hintergrund: Zum Bierbrauen für den Eigenbedarf benötigten die Klöster keine Konzession, außerdem war „flüssiges Brot“ auch zur Fastenzeit erlaubt. Alles Weitere ist komplizierter …

Die Biere, die bis zum 15. Jahrhundert gebraut wurden, stellten nicht zuletzt aufgrund merkwürdiger Zutaten wie Kohlestaub, Kreide oder Baumrinden ein fragwürdiges Geschmackserlebnis dar. Herzog Albrecht IV. steuerte dem bereits 1487 entgegen, indem er verfügte, dass Bier fortan „aus nichts anderem dann Hopfen, Gersten und Wasser gesotten werden“ dürfe. 1516 wurde diese Münchner Vorschrift als sogenanntes Reinheitsgebot in ganz Bayern verbindlich.

Aber selbst diese reinen bayerischen Stoffe kamen an das damalige Spitzenbier längst nicht heran. „Der beste Trunk, den einer kennt, der wird Ainpöckisch Bier genennt“, wusste der

Jubiläumspostkarte von Mai 1969 zum historischen Bierzug Einbeck–München von 1569

Reformator Martin Luther. Auch Albrechts Enkel Wilhelm V. – obwohl als der „Fromme" einer der führenden Köpfe der Gegenreformation – ließ dieses in ganz Europa gerühmte Luxusbier ab Mitte des 16. Jahrhunderts aus der protestantischen Hansestadt Einbeck importieren. Dieses Bier war süffig, würzig und zugleich lange haltbar. Nur: Es war sehr teuer und stammte aus einem ketzerischen Landstrich.

Die Lösung des Problems hieß Selbstversorgung. 1589 entstand in unmittelbarer Nachbarschaft zur Wittelsbacher-Residenz, dem „Alten Hof", das „Braune Hofbräuhaus". Hier wurden einfache, untergärige Gerstenbiere gebraut, die man als „Braunbier" bezeichnete. Schon 1607 folgte unter Maximilian I. das heute weltberühmte „Weiße Hofbräuhaus" am Platzl, wo die Braumeister nun auch obergärige Weißbiere aus Weizen und Gerste schäumen ließen. Elias Pichler, angeblich aus dem protestantischen Bier-Dorado Einbeck abgeworben, gelang es im Frühjahr 1614 endlich, ein Braunbier-Stöffchen von Art und Qualität des Ainpöckischen zu produzieren.

Das alte Hofbräuhaus am Platzl wurde 1896/97 abgerissen und durch das heutige, nun auf zahlreichen München-Postkarten dargestellte Hofbräuhaus ersetzt. Seit 1939 ist es Staatsbetrieb.

Während das neue „Oanpock" beziehungsweise Bockbier rasch einen Ruf über die Grenzen Münchens hinaus gewann, sicherte sich Maximilian als Chef der im Zeichen der Muttergottes antretenden Katholischen Liga und erfolgreicher Kriegsherr im Dreißigjährigen Krieg die pfälzische Kurfürstenwürde des unterlegenen protestantischen Wittelsbachers Friedrich V. Dann wendete sich das Kriegsglück. Nachdem Mitte April 1632 in der Schlacht bei Rain am Lech die bayerischen Truppen geschlagen waren, marschierten die siegreichen Schweden nach München, König Gustav Adolf zog in die Residenz ein, und der nach Braunau am Inn geflohene Maximilian gelobte, „ein gottgefälliges Werk anzustellen“, wenn seine Hauptstadt von der Zerstörung durch die protestantischen Truppen verschont bliebe. Tatsächlich gefiel es Gott, mithilfe des Biers dafür zu sorgen, dass die gefürchteten Schweden Gnade walten ließen: München erkaufte sich die Rettung mit der gewaltigen Summe von 300.000 Reichstalern und 334 Eimern – rund 22.000 Maß – süffigen Biers.

Obwohl die Schweden später endgültig vertrieben werden konnten, war die Unbill damit noch nicht überstanden. 1635 hatte ein Pestausbruch in der Stadt verheerende Folgen: 7000 Menschen, fast ein Drittel der Einwohner, fielen ihm zum Opfer. Als auch das vorüber war, wollte Maximilian endlich sein Gelübde erfüllen. 1638 wurde die als Zeichen des wiedererstarkten Glaubens errichtete Säule mit dem vergoldeten Bildnis der heiligen Maria am Hauptplatz der Stadt

Im Dreißigjährigen Krieg kämpfte die „Katholische Liga“ unter einer bayerischen Fahne mit Marienbildnis. Deren Anführer, der bayerische Kurfürst Maximilian I., ließ 1638 die Mariensäule auf dem Münchner Marienplatz errichten.

geweiht: „Bayerns gütigster Herrin, mächtigster Beschützerin" zum Dank für die Errettung Münchens. Im selben Jahr ließ der Kurfürst zudem das bis dahin ausschließlich dem Herrscherhaus vorbehaltene Bier erstmals an alle Einwohner ausschenken. Das war der Startschuss zur typisch bayerischen „Gleichheit vor dem Nationalgetränk", so der Schriftsteller Paul Heyse, die im zwanglosen Beisammensein den Druck der sozialen Gegensätze zu mildern vermochte.

Parallel zur Entwicklung der Bierkultur gewann die unter kurfürstlicher Regie von eifernden Orden vehement angetriebene Gegenreformation vor allem in Form von neuen Kirchen und Klöstern prunkvolle barocke Gestalt. München verwandelte sich in ein „deutsches Rom", von dem heute noch über 200 katholische Sakralbauten künden. Nicht die gelehrten Jesuiten oder Theatiner, sondern die ebenfalls in die Stadt geholten Paulaner erwarben sich schließlich bleibende Verdienste dafür, dass das Bier und der Katholizismus in München eine besonders gemütlich-süffige Symbiose eingehen konnten.

In ihrem von den Basilianern übernommenen Kloster Neudegg ob der Au als „minderste Brüder" strenge Askese mit fleischloser Diät übend, hatten sie einen besonderen Grund, während der Fastenzeit mit kräftigen Flüssigkeiten für einen gewissen Kalorien- und Lustausgleich zu sorgen. Zu Ehren des Ordensgründers, dem heiligen Franz von Paola, schenkten sie seit 1651 in jedem Frühjahr ein besonders starkes Doppelbockbier aus, das „Sankt-Vater-Öl". Aus dieser Bezeichnung wurde schließlich der „Salvator". Der Braumeister Valentin Stephan Still, der Frater Barnabas, führte schließlich den Brauch ein, den bayerischen Kurfürsten zum alljährlichen Anstich des Starkbiers am 2. April einzuladen und ihm den ersten Krug einzuschenken. Braumeister Franz Xaver Zacherl, der die Paulaner Brauerei 1813 kaufte, behielt die Tradition des Starkbieranstichs bei und verlängerte die Ausschankzeit. Mit der Eröffnung des Salvatorkellers auf dem Nockherberg 1861 begann sie nun am 19. März und dauerte zwölf Tage.

König ohne Krönung

Das geistig-politische Selbstverständnis Münchens scheint traditionell auf einer Nord-Süd-Achse verortet: Berlin gegen München, Protestanten gegen Katholiken, Preußen gegen Bayern lauten die bekannten Gegensätze. Dabei musste das von München aus regierte Bayern, eine exponiert gelegene Mittelmacht, seinen politischen Weg lange Zeit vor allem zwischen West und Ost finden, nämlich zwischen den katholischen Großmächten Österreich und Frankreich.

Ende des 17. Jahrhunderts eben noch an der Seite der Österreicher gegen die Türken erfolgreich, hatte das dann (meist) wieder mit Frankreich paktierende Bayern im 18. Jahrhundert gleich dreimal längere Phasen der Besetzung durch österreichische Truppen zu erdulden. Unter dem seit 1799 regierenden Kurfürsten Maximilian I. Joseph kam es schließlich an der Seite Österreichs zu einer Niederlage gegen Napoleon.

Im Jahr 1803 wurde Deutschland, das damals einem Flickenteppich unterschiedlich großer Herrschaftsgebiete glich, von Napoleon völlig neu geordnet. Bayern verlor dabei zwar Gebiete am Rhein, konnte aber sein Kerngebiet arrondieren. Als sich zwei Jahre später erneut eine Koalition gegen den Expansionsdrang Napoleons bildete, drängte der Graf von Montgelas, Superminister des Kurfürsten, auf eine Einigung mit Frankreich. Am 25. August 1805 kam es zu einem Geheimabkommen: Bayern würde den Einmarsch französischer Truppen erlauben und dafür mit Gebietsgewinnen und einer Rangerhöhung belohnt werden.

Der Kurfürst und sein Berater hatten alles richtig gemacht: Napoleon zog nach dem Sieg bei Austerlitz in München ein und Maximilian I. Joseph wurde mit neuen Gebieten wie etwa Franken sowie dem Königstitel belohnt. Die Erhöhung erfolgte am 1. Januar 1806 durch Proklamation ohne pompöse Zeremonie. Eine demonstrative Krönung durch Napoleon hätte der Reputation des

Maximilian I. Joseph im Krönungsornat neben seiner Krone. Auch später wurden bayerische Könige nie mit der Krone auf dem Kopf abgebildet. Gemälde von Joseph Karl Stieler

neuen Monarchen geschadet, zudem war die in Paris in Auftrag gegebene Krone noch gar nicht fertiggestellt.

Königlich-bayerische Truppen fochten fortan unter dem Befehl Napoleons, bis kurz vor der Völkerschlacht bei Leipzig im Oktober 1813 erneut ein Seitenwechsel erfolgte. Bayern beteiligte sich an den sogenannten Befreiungskriegen und gehörte so am Ende zu den Siegern. Aus diesen besonderen politischen Wandlungen erklärt sich die spezielle Erinnerungskultur in München: Während der Obelisk am Karolinenplatz in der Maxvorstadt an die bayerischen Gefallenen des 1812 an der Seite Napoleons geführten Russlandfeldzuges gemahnt, erinnern die beiden sich hier kreuzenden Straßen an die im Januar und Februar 1814 gegen Napoleon errungen Siege in den Schlachten von Brienne-le-Château und Bar-sur-Aube.

Geschichte im Dialekt

Nicht nur das stilbildende Italien, sondern auch das kulturell lange Zeit vorbildliche Frankreich hat sichtbare Spuren im Stadtbild Münchens hinterlassen, zumal sich der bayerische Hochadel nicht erst seit Napoleon gern mit dem französischen verbandelt hat. Weniger auffällig sind die hörbaren Hinterlassenschaften. Dabei zeichnet sich gerade das Münchnerische durch zahlreiche, dem bayerischen Klangbild anverwandelte Gallizismen aus.

Adelaide von Savoyen, nach der Hochzeit mit Ferdinand Maria von Bayern seit 1650 Kurfürstin, hatte als selbstbewusste Beraterin ihres Ehemanns großen Einfluss auf das Architekturprogramm der Residenzstadt. Die gebürtige Turinerin gab den Anstoß für den Bau von Schloss Nymphenburg und der italienisch inspirierten Theatinerkirche, dem späteren Vorbild für viele weitere hochbarocke Kirchenbauten in Bayern. Ihr Sohn Max II. Emanuel ließ München dann im französischen Stil ausbauen und verschönern, unter anderem durch Architekten wie François de Cuvilliés.

Mit Adelaide, die nicht nur ein ganzes Heer von Hofdamen, Lakaien und Köchen in ihre neue Heimat mitbrachte, sondern auch Maler, Musiker und Baumeister hierherlockte, begann die französische Infiltration des Münchner Alltags, die sich in der Ära nach Napoleon vollendete. Wie überall sonst war die französische Sprache und Kultur auch in Bayern die zentrale Orientierungsgröße für die höheren Stände – so wurde etwa im Max-Joseph-Stift, der 1813 gegründeten königlichen Erziehungsanstalt für höhere Töchter, fast ausschließlich auf Französisch unterrichtet –, aber durch volkstümliche Traditionen und durch die seit 1818 verfassungsmäßig garantierten Grund- und Freiheitsrechte waren hier die Grenzen zwischen den Schichten etwas durchlässiger. Zumal in der Hauptstadt etablierten sich über Bedienstete, Beamte und Händler enge Verknüpfungen, die sich auch in Sprachgewohnheiten niederschlugen. Hier konnte man sich mit der „Schäsn“ zum Spektakel schoffieren lassen und unterwegs dem „Schandarm wisawie“ zuwinken, an Feiertagen aß man „Böfflamott“ (bœuf à la mode) und nicht Sauerbraten, und nachts setzte man sich auf das „Potschamperl“ (pot de chambre) statt auf den Nachttopf.

Als Verben französischen Ursprungs sind bis heute zum Beispiel schikanieren, blamieren, blessieren und tratzen geläufig. In München kauft man sich ein „Billett“, man ist gern „leschea“ und hat es oft „pressant“, „Mersse“ ist als Dankeswort üblich, selbst der Fluch „Sakradi“ (sacre dieu) und der Ausdruck „Diridari“ (tirer d'argent) können ihren französischen Ursprung nicht verleugnen. Manche Wörter freilich haben einen Bedeutungswandel durchlaufen, meist ins Negative. So wurde etwa aus chic die „Schicksn“ und aus dem schlichten Gepäckstück das zwielichtige Pack, die „Bagasch“.

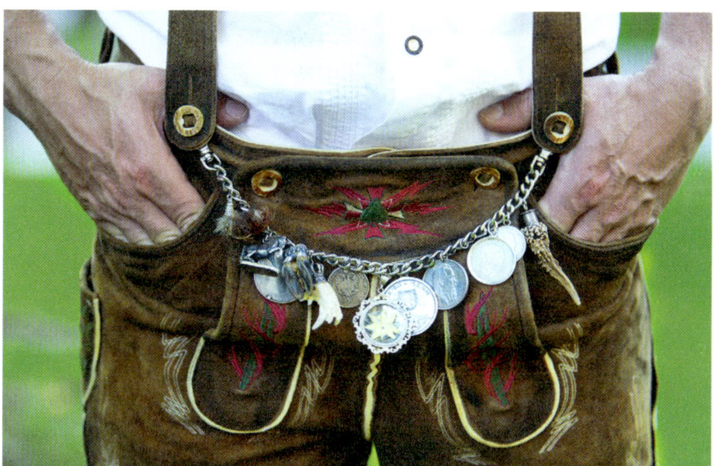

Auch der Begriff Charivari (gesprochen: Schariwari) wurde während der napoleonischen Zeit aus Frankreich importiert. Im Sinne eines „Durcheinanders“ bezeichnet er eine mit allerlei Anhängseln geschmückte „typisch bayerische“ Trachtenkette.

Athen an der Isar

Unter Ludwig I. konsolidierte sich Bayern als souveräner Staat mit zunächst liberaler, dann unter dem Eindruck der französischen Julirevolution von 1830 dezidiert konservativ-katholischer Ausrichtung. Der Kunstsinn des Monarchen hatte sich indessen, angeregt zunächst durch mehrere Italienreisen, am Vorbild der klassischen Antike entzündet. Unter der Regie des größten Bauherrn Münchens entstand jenes „Isar-Athen", das noch heute bewundert werden kann.

Im Jahr 1821 hatten die Griechen ihren Freiheitskampf gegen die Osmanenherrschaft begonnen und damit in ganz Europa eine Welle der Solidarität ausgelöst. König Ludwig brachte seinen „Philhellenismus" nicht nur mit erheblichen Geldspenden, Wohltätigkeitsveranstaltungen, selbst verfassten altgriechischen Gedichten oder der Einrichtung eines Lyzeums für junge Griechen zum Ausdruck, sondern auch mit einer bereits kurz nach seinem Regierungsantritt erlassenen Anordnung, dass das bis dahin übliche „i" im Landesnamen ab sofort durch das „griechische Ypsilon" ersetzt werden solle.

Neben dem y in Bayern und in Speyer – die damals bayerische Stadt hieß bis dahin Speier – legen bis heute aber natürlich vor allem die Gebäude des ludovizianischen Neu-Athens Zeugnis ab von der

Begeisterung des Herrschers für die Ästhetik und die Ideale der Antike. Zwischen dem von Karl von Fischer nach dem Vorbild der Akropolis in Athen als antike Tempelanlage konzipierten Königsplatz, dem Max-Josephs-Platz sowie dem Odeonsplatz, entstand ein neues München. Ludwigs Architekten gestalteten die Plätze sowie die sie verbindenden prachtvollen Boulevards – allen voran die Ludwigstraße – teils als Wiedergeburt klassisch-griechischer Architektur (Leo von Klenze), teils im romanisch-monumentalen Rundbogenstil (Friedrich von Gärtner).

Es entstand ein Mix aus Symbolbauten, Denkmälern, Museen sowie prachtvollen Palais und Funktionsgebäuden. Die Propyläen wurden dem griechischen Freiheitskampf gewidmet, die Feldherrnhalle und das Siegestor erinnerten an den Sieg über das Frankreich Napoleons. Glyptothek, Alte und Neue Pinakothek sowie die Staatliche Antikensammlung nahmen die reichhaltigen Gemälde- und Skulpturensammlungen auf. Auch die Residenz erhielt mit Königsbau, Festsaalbau, Nationaltheater und Allerheiligen-Hofkirche ein gänzlich neues Gesicht. Mit der Bayerischen Staatsbibliothek, der Ludwig-Maximilians-Universität oder dem Max-Joseph-Stift bekamen auch Wissenschaft und Bildung repräsentative Gebäude. Flankiert wurde dies alles noch von Bauten zur Ehrung bayerischer Persönlichkeiten wie dem Monopteros im Englischen Garten und der Bavaria-Statue samt Ruhmeshalle auf der Theresienwiese.

Königsplatz mit Staatlicher Antikensammlung und Propyläen. Nicht alle neoantiken Gebäude waren einst so „sauber“: Ursprünglich waren die meisten Häuser in der Ludwigstraße mit pompejanischen Malereien geschmückt.

Ελληνικό Μόναχο

Als die Revolution der Griechen erfolgreich beendet war, einigten sich im Jahr 1832 die europäischen Mächte, Otto, dem Sohn des Philhellenen Ludwig, die griechische Krone anzudienen. Die Bayern im Gefolge Ottos I. – Architekten, Handwerker, Geschäftsleute – sorgten dafür, dass manche Straßenzüge in Athen bis heute wie ein hellenisches München (ελληνικό Μόναχο) wirken. Bereits nach wenigen Jahren der bayerischen Herrschaft gab es unterhalb der Akropolis bereits erste Biergärten, die die Besucher „an das ferne Ufer der Isar" erinnerten. Unter dem weiß-blauen griechischen Himmel schenkten Brauer wie Melcher (Μέλχερ), Fischer (Φίσερ), Waweck (Βάβεκ), Seel (Ζέλ) und Fuchs (Φούξ) nach heimischer Art hergestellte Biere aus. Legendär wurde das Bier der 1864 von Karl Fuchs gegründeten Großbrauerei, nun unter dem gräzisierten Markennamen „Fix" (Φιξ).

Fix-Bier in verschiedenen Sorten

Marianna Marchesa Florenzi (Gemälde von Joseph Karl Stieler). Ihr 1821 geborener Sohn Ludovico, offiziell der Spross ihres Gatten Ettore, soll königlichen Geblüts gewesen sein.

Der Mädchenkönig

Mit den 36 Porträts des Hofmalers Joseph Karl Stieler – ausgestellt in der sogenannten Schönheitengalerie im Schloss Nymphenburg – setzte der passionierte Frauenverehrer Ludwig I. seiner Neigung ein bleibendes Denkmal. Dass er am Ende nicht nur infolge der politischen Forderungen der Märzrevolutionäre in Bedrängnis geriet, sondern sich am 20. März 1848 vor allem durch die eskalierende Affäre mit der Skandalnudel Lola Montez zur Abdankung gezwungen sah, kam nicht von ungefähr. Diese sei seine 50. Geliebte gewesen, prahlte der moralisch freizügige Monarch einmal gegenüber dem Architekten Leo von Klenze. Und der berichtete in seinem geheimen Tagebuch über des Königs Angewohnheit, an jedes Gebäude erotische Erinnerungen zu knüpfen. So hatte er etwa die „Alte Pinakothek" Marianna Florenzi gewidmet, seinem längsten Gspusi: Über 2000 Briefe der Marchesa an den König sind erhalten.

AHA!

Märzen auf der Wiesn

Alles begann am 12. Oktober 1810 mit den fünftägigen Feierlichkeiten zur Hochzeit des Kronprinzen Ludwig von Bayern und der Prinzessin Therese von Sachsen-Hildburghausen auf einer Wiese vor den Toren der Stadt. Weil vor allem das abschließende Pferderennen ein so großer Erfolg war, wurde die Sache im nächsten Jahr um dieselbe Zeit wiederholt und mit einem Landwirtschaftsfest kombiniert. Das Oktoberfest auf der „Theresienwiese" war erfunden.

Der Lohnkutschen-Betreiber und Rennstall-Besitzer Franz Xaver Krenkl war der berühmteste Mann der ersten Jahre. Bei der Premiere noch leer ausgegangen, gewannen seine Pferde ab 1811 insgesamt 14-mal das Rennen. Während seine Jockeys siegten, trug der Rennkönig selbst mit pfiffigen und teils wohl erfundenen Anekdoten erheblich zum Stadtgespräch bei. Die bekannteste geht so: Als Krenkl im Englischen Garten

Franz Xaver Krenkl (1780–1860); Oktoberfest-Postkarte von 1900 mit Winzerer Fähndl und Schottenhamel-Festhalle

mit seinem Sechsspänner verbotswidrig die Equipage König Ludwig I. überholt und von diesem zurechtgewiesen worden sei, habe er seinen Kopf schräg nach hinten gelegt und lässig geäußert: „Majestät, wea ko, dea ko."

Das Pferderennen blieb nicht lange die einzige Attraktion des Oktoberfestes. Losstände und Kegelbahnen kamen hinzu, und auf der Sendlinger Höhe wurde Bier ausgeschenkt. Nach der Erlangung kommunaler Selbstverwaltungsrechte durch das Gemeindeedikt von 1818 übernahm die Stadt München die Regie des Festes. Der Wirt Anton Gruber erkannte gleich das Potential und sicherte sich für fünf Jahre das Recht, als einziger Schaukeln und Karussells aufstellen zu dürfen. 1825 erließ der Magistrat eine Verordnung, wonach nur mehr 18 Bierwirte aus München sowie vier weitere aus Sendling zugelassen waren. 1867 wurde erstmals ein Holzgebäude mit Sitzplätzen errichtet (Schottenhamel), zwei Jahre später folgte das erste Zaubertheater („Auf geht's beim Schichtl"), und wiederum zwei Jahre später brachte Spaten ein Märzenbier heraus, das erstmals unter dem Namen „Oktoberfestbier" vermarktet wurde. 1887 zog der Wirt und „Kraftmensch" Hans Steyrer erstmals mit Bierwagen und Blaskapelle von seiner Wirtschaft in der Tegernseer Landstraße auf die Theresienwiese und wurde damit zum Ideengeber für den bis heute üblichen feierlichen Einmarsch der Wiesnwirte.

In den 1890er-Jahren schließlich nahm die Wiesn mit vielen weiteren Attraktionen die heutige Form an: mit elektrisch betriebenen Fahrgeschäften und ersten großen Bierhallen wie dem „Winzerer Fähndl" der Armbrustschützengesellschaft sowie der Festhalle der Wirtsfamilie Schottenhamel. Diese erstrahlte erstmals im Jahre 1896 im Schein der Glühlampen. Als Hilfselektriker tätig war dabei der damals 17-jährige spätere Nobelpreisträger Albert Einstein. Das Elektrikunternehmen „J. Einstein & Cie" seines Onkels hatte zuvor bereits den Festplatz ausgeleuchtet.

Die Maß im Krug

Biergeheimnisse betreffen nicht nur das Getränk selbst. Die bayerische Maß war ein Maß und fasste mehr als ein Liter, der Ur-Krug bestand nicht aus Steingut und der Bierdeckel sollte zuerst gar kein Deckel sein. Zu guter Letzt ist der Streit um schlecht eingeschenkte Maßen kein neuer Skandal, sondern ziemlich alt.

Einst gab es in Bayern ganz unterschiedliche Maße und Maßen. Dann kam im Jahr 1811 die bayerische Maßkanne. Ab da musste im gesamten Königreich Bayern eine Maß Bier exakt 1,069 Liter Inhalt fassen („bayerische Maß"). Erst 60 Jahre später, als im Deutschen Reich auf das metrische Einheitensystem umgestellt wurde, schrumpfte die Maß auf exakt einen Liter.

Heute wird das Bier meist in gläsernen Isar-Maßkrügen mit Henkel ausgeschenkt (die sogenannte „Augenkanne"). Traditionalisten bevorzugen Henkelkrüge aus grauem, salzglasiertem Steinzeug. Dieses hält das Bier frisch: Die Keramik isoliert und das Bier bleibt länger kühl, zudem sorgt die spezielle Oberfläche dafür, dass sich die Kohlensäure weniger rasch verflüchtigt. Standard in den Schankbetrieben ist der tonnenförmige „Keferloher". Erfunden wurde er, allerdings als irdener Krug, 1808 in Keferloh im Landkreis München, wo schon lange vor dem Oktoberfest ein sehr beliebter Markt mit Bierfest stattfand.

Keferloher Maßkrüge erleichtern den Wirten ein „zurückhaltendes" Einschenken, aber auch Glaskrüge enthalten oft mehr Schaum als erfrischendes Nass. „München ist ein einziger, riesiger Maßkrug, der, obwohl vom himmlischen Zapfkellner schlecht eingeschenkt, dennoch überschäumt von Wonne und Seligkeit", spottete Ludwig Thoma schon im Jahr 1908. Günter Jauch, Journalist beim Bayerischen Rundfunk, wollte es 1984 ganz genau wissen. Er zählte nach, dass in Richard Süßmeiers Armbrustschützenzelt aus einem „Hirschen" (einem Fass mit circa 200 Litern) 289 Maß Bier gezogen wurden. Süßmeier bekam ein Ver-

fahren wegen Schankbetrugs, wurde allerdings freigesprochen: Die verwendeten Fässer seien nicht genormt gewesen. Der „Wiesn-Napoleon" verlor seine Konzession trotzdem, allerdings wegen illegal beschäftigter ausländischer Hilfskräfte.

Und was ist mit den Bierdeckeln? In Zeiten, da passionierte Biertrinker noch einen Krug mit Deckel nutzten, hatten wiederverwendbare und nach getaner Trink-Arbeit auf speziellen Ständern zum Trocknen aufgeschichtete Wollfilze („Biafuizl") die Funktion, das übergeschäumte Bier aufzusaugen und somit zu verhindern, dass der Biertisch klebrig wird. Erst ab 1880 begann die industrielle Fertigung von Untersetzern aus Pappe. Darauf wurden nun die konsumierten Biere mittels Strichliste notiert, und im Biergarten konnten sie zum Schutz vor Insekten auch als Deckel genutzt werden.

Kein Oktoberfest

Krieg, Cholera, Inflation, Corona – von 1810 bis 2021 fiel das Oktoberfest 26-mal ganz aus oder wurde nur in einer reduzierten Variante veranstaltet. Zu keiner Absage führte das von einer umgefallenen Petroleumlampe verursachte Großfeuer vom 27. September 1887. Am 30. September 1980 gab es lediglich eine eintägige Unterbrechung, um der Opfer des Attentats vom 26. September zu gedenken. Am Abend dieses Tages war direkt am Haupteingang des Festgeländes eine Bombe explodiert und hatte 13 Menschen getötet und über 200 verletzt. Der Täter Gundolf Köhler, ein Mann mit rechtsextremem Hintergrund, starb selbst bei dem Anschlag.

Die Liste der ausgefallenen Oktoberfeste

1813:	Krieg gegen Napoleon
1854:	Cholera-Epidemie mit 3000 Toten in München
1866:	Krieg gegen Preußen
1870:	Krieg gegen Frankreich
1873:	Cholera-Epidemie mit 1400 Toten in München
1914 bis 1920:	Erster Weltkrieg und Folgen (7-mal)
1923 bis 1924:	Inflation und Folgen (2-mal)
1939 bis 1948:	Zweiter Weltkrieg und Folgen (10-mal)
2020 bis 2021:	Corona-Pandemie (2-mal)

Denkmal für die Opfer des Attentats vom 26. September 1980

Alois Löcherer hielt im August 1850 den Transport der Bavaria-Einzelteile von der Erzgießerei Ferdinand von Millers auf die Theresienwiese fotografisch fest. Es war eine der ersten Fotoreportagen überhaupt.

Kolossale Cornelia

Der begehbare Kopf der Bavaria, über 18 Meter hoch und 87 Tonnen schwer, bietet eine einmalige Aussichtsplattform über die Theresienwiese. Die weltliche Patronin Bayerns, ausgestattet mit den Attributen Bärenfell, Eichenkranz, Schwert und Löwe, hält seit dem 9. Oktober 1850 Wacht vor der Ruhmeshalle, in der die bedeutendsten Bayern mit Büsten geehrt werden.
Als die epochale Figur, die später der Freiheitsstatue in New York als Vorbild dienen sollte, aufgerichtet wurde, lag ihr Schöpfer Ludwig von Schwanthaler schon seit zwei Jahren unter der Erde. Der im Alter von nur 46 Jahren verstorbene Bildhauer hatte auf seinem Sterbebett noch ein Geheimnis preisgegeben. Er habe die Statue nach dem Modell seiner unerfüllten Liebe Cornelia geschaffen und sei sehr zufrieden damit: „Wenn Cornelia etwas für mich empfunden hat, dann hab‘ ich mich doch schön am Geschick gerächt."

Kühlschrank und Brühwürfel

München verfügt mit der Ludwig-Maximilians-Universität (LMU) und der Technischen Universität (TUM) über Hochschulen sowie angeschlossene Institute und Universitätskliniken ersten Ranges. Die Entwicklung zu einer führenden Wissenschaftsstadt ist aber nicht nur den Forschern selbst, sondern auch fortschrittlichen Monarchen zu verdanken.

Neben Alois Senefelder, dem Erfinder der Lithografie (1798), hat sich vor allem der Optiker Joseph Fraunhofer als Autodidakt in die frühe Wissenschaftsgeschichte Münchens eingeschrieben. Weil sich der Fernrohr-Konstrukteur und Erfinder des Spektroskops (1814) in vorbildlicher Weise auf die Verbindung von exakter Wissenschaft und deren praktischer Anwendung verstand, wählte ihn die mit ihrem Hauptsitz in München ansässige Fraunhofer-Gesellschaft, die sich die Förderung der angewandten Forschung zum Ziel gesetzt hat, zu ihrem Namenspatron.

Wie sein Vater Maximilian II., der von dem Architekten Friedrich Bürklein unter anderem die Maximilianstraße und das markante Maximilianeum auf dem östlichen Isar-Hochufer in einem opulenten Mix historischer Baustile hat bauen lassen, ist auch der Märchenkönig Ludwig II. als Bauherr von pompösen Prachtgebäuden wie dem Neuen Rathaus in München präsent. Dabei liegt die eigentliche Leistung der beiden Monarchen auf ganz anderem Gebiet: In den 38 Jahren ihrer Herrschaft (1848 bis 1886) haben sie sich als Antreiber und Förderer von Technik und Wissenschaft verdient gemacht.

König Max lockte viele gelehrte „Nordlichter" nach München – etwa die Literaten Emanuel Geibel und Paul Heyse, den Historiker Heinrich von Sybel oder den Volkskundler Wilhelm Riehl. Der Weltausstellung in London eiferte er 1854 mit der Münchner Industrieausstellung nach, zu der August von Voit den berühmten Glaspalast entwarf. 1876 stiftete er das Maximilianeum als

Fraunhofer-Briefmarke der Deutschen Bundespost

Das von Friedrich Bürklein geplante und von Gottfried Semper überarbeitete Maximilianeum, Postkarte von 1910

Bildungsstätte für begabte Studenten. Außerdem förderte er Unternehmen und gründete das Bayerische Nationalmuseum.

Während das Vorhaben des kunstsinnigen Ludwig, dem von ihm als „Heiland" vergötterten Komponisten Richard Wagner in München ein eigenes repräsentatives Opernhaus zu errichten, am Widerstand seiner Minister scheiterte, waren praktische Projekte erfolgreicher. Er gründete die „Königlich-Bayerische Polytechnische Schule", die Keimzelle der heutigen TUM, und ließ nach den Ideen Max Pettenkofers ein an Hygienekonzepten orientiertes modernes Frischwasser- und Kanalisationssystem vollenden. Unter seiner Regierung entstanden Industrieansiedlungen, Arbeiterwohnviertel und Krankenhäuser, außerdem forcierte er den Ausbau des Bahnstreckennetzes, 1879 wurde der Münchner Hauptbahnhof mit einer freitragenden Stahlkonstruktion vergrößert.

Bekannte Wissenschaftler und Techniker dieser Zeit sind Justus von Liebig, Carl von Linde und Oskar von Miller. Der umtriebige Liebig, der unter anderem die Mineraldüngung erfand, hatte ab 1852 eine Professur für Chemie inne. Berühmt wurde er durch einen bald in riesigen Mengen produzierten Fleischextrakt. Wesentlich für den Erfolg dieses Brühwürfels war der 1873 eingeführte Werbegag, den Packungen bunte Sammelbilder beizulegen. Carl von Linde war ab 1872 ordentlicher Professor für Maschinenlehre an der Polytechnischen Schule und richtete dort das erste Maschinenlabor Deutschlands ein, in dem unter anderem Rudolf Diesel ausgebildet wurde. Mit der Erfindung des Kühlschranks gelang Linde eine Pionierleistung, die zunächst vor allem die Brauindustrie revolutionierte und expandieren ließ. Oskar von Miller, der spätere Begründer des Deutschen Museums, organisierte 1882 in München erstmals die elektrotechnische Ausstellung in Deutschland. Zu diesem Anlass gelang die erste Gleichstromfernübertragung der Welt – über 57 Kilometer von Miesbach zum Münchner Glaspalast.

„Liebig im chemischen Hörsaal zu München". Sammelbildchen der Compagnie Liebig's Fleischextrakt, Nr. 5 der Folge „Aus dem Leben Liebig's", 1900

Der Wintergarten König Ludwigs II. auf dem Dach der Residenz, Holzstich nach H. Nisle, 1887

Märchen mit Technik

Mit dem Namen Ludwig II. sind bis heute untrennbar seine Traumschlösser verbunden. Diese waren nicht nur romantische Geschichtszitate, sondern zugleich auch äußerst moderne Technikwunder. So ließ er etwa in dem teils aus neuartigen Eisenkonstruktionen errichteten Neuschwanstein einen Küchenaufzug einrichten, Dienstboten rief er mithilfe einer elektrischen Klingelanlage, den Strom für die Beleuchtung der Grotte beim Schloss Linderhof erzeugte ein sensationelles Elektrizitätswerk, die Glühbirne in seiner Kutsche wurde mit einer Batterie gespeist, und am Alpsee plante er eine dampfbetriebene Ballonseilbahn. Des Märchenkönigs bemerkenswertester Bau in München existiert leider nicht mehr, da er aus statischen Gründen wieder entfernt werden musste: der von der Firma MAN konstruierte monumentale Wintergarten aus Glas und Eisen auf dem Dach der Residenz, der eine exotische Landschaft samt Teich überwölbte.

Flößer und Surfer

Die Isarauen zählen zu den beliebtesten Erholungsräumen für gestresste Großstädter, die hier Sport treiben und sich an schönen Sommertagen in Scharen tummeln. Wie auf den Liegewiesen im Englischen Garten gibt es viele „Nackerte", die sich ungeniert am Ufer von der Sonne bräunen lassen. Von der einstigen wirtschaftlichen Bedeutung des Flusses ist kaum mehr etwas zu ahnen.

Über ein halbes Jahrtausend lang war die Flößerei auf der Isar das wichtigste Mittel des Gütertransports vom Alpenvorland nach und über München bis Landshut und sogar bis nach Wien. In der Blütezeit der Flößerei zwischen 1860 und 1870 passierten jährlich über 10.000 Flöße die Stadt. Hauptanlegestelle Münchens und eine der größten Floßländen Europas war die Untere Lände bei der heutigen Ludwigsbrücke in Lehel. Entladen wurden hier Getreide und Käse, Bier und Wein, Marmor, Kohle und sogar Tiere. Die heutige Museumsinsel, einst eine Sandbank, war ein wichtiger Lagerplatz. Die Flöße selbst wurden auseinandergenommen und als Bauholz eingelagert. Unbrauchbare Reste wurden in den Fluss geworfen, etwas weiter flussabwärts mit einem sogenannten „Abrechen" aufgefangen und als Brennholz verwendet.

Vor der Einrichtung des Cafés Isarlust auf der Praterinsel im Jahr 1888 zählten Flößerwirtschaften wie der „Grüne Baum" zu den beliebtesten Ausflugszielen der Münchner. Als 1899 im Zuge der Begradigung des linken Isarufers eine Zentrallände gebaut wurde, war die Bedeutung der Floßfahrt durch die stetig zunehmende Konkurrenz der Eisenbahn bereits rückläufig. Es begann die Zeit der touristischen Flößerei. Zehntausende werden heute über eine Strecke von 25 Kilometern, teils durch abenteuerliche Schleusenrutschen hindurch, hierher geflößt.

Surfen auf dem Eisbach

Sehenswerte Industriedenkmäler sind einige der Laufwasserkraftwerke an der Isar und ihren Seitenkanälen und -flüsschen. Die drei zwischen 1905 und 1923 errichteten Isarwerke in Thalkirchen, Sendling und Isarvorstadt, die heute jährlich über 42 Millionen Kilowattstunden Strom erzeugen, beeindrucken ebenso wie die Kraemer'sche Kunstmühle und das 1895 im Stil eines barocken Schlösschens errichtete Maxwerk am Auer Mühlbach.

Bei hoher Wasserführung kann man an der Wittelsbacher Brücke auch Flusssurfer sehen. Es sind aber nicht die Könner, die im „Lonely Planet" als Touristen-Attraktion vorgestellt werden. Die findet man, direkt neben dem Haus der Kunst, auf der stehenden Welle einer kleinen Isarableitung durch den Englischen Garten, dem Eisbach. In seinem Film „Keep Surfing" (2009) hat Regisseur Bjoern Richie Lob die beeindruckenden Künste und das besondere Selbstverständnis der Eisbachsurfer auf authentische Weise dokumentiert.

Glückliche Zeit

„Es war eine liebe Zeit, die gute, alte Zeit vor anno 14. In Bayern gleich gar …" spricht Gustl Bayrhammer im Vorspann der bekannten Fernsehserie „Das Königlich Bayerische Amtsgericht". Und genau so hat das kollektive Bayern die von 1886 bis 1912 währende Prinzregentenzeit bis heute im Gedächtnis abgespeichert: Als eine 26 Jahre andauernde glückliche und gemütliche Epoche, in der die Welt noch in Ordnung war. Aber war es wirklich so?

Als der bereits 65-jährige Prinz Luitpold zunächst für seinen entmündigten Vater Ludwig II. und dann für seinen geisteskranken Bruder Otto die Regierung übernahm, war das Volk skeptisch bis ablehnend. Doch der Ersatzkönig verstand es rasch, sich durch Volkstümlichkeit bei seinen Bayern beliebt zu machen. Der begeisterte Jäger, Bergsteiger und Naturfreund reiste viel, mischte sich in legerer Kleidung unter die Leute und teilte mit ihnen Wurstsemmeln und Bier. Er förderte aber auch die Künste, insbesondere die Malerei, und war mit vielen Künstlern eng befreundet. Vor allem Schwabing erlebte eine außerordentliche kulturelle Blüte. Große und kleine Protagonisten und Protagonistinnen aus Literatur, Malerei, Bildhauerei, Architektur, Musik und Bühnenkunst, die legendäre Boheme, schufen eine „geistige Insel", die das Viertel zum kreativsten, wildesten und liberalsten Ort im wilhelminischen Deutschland werden ließen.

Und nicht nur in Schwabing war etwas los in dieser Zeit, die nach dem leutseligen Exponenten der bis heute typischen bayerischen Biergartengemütlichkeit benannt ist. Industrialisierung und technische Entwicklung nahmen ein ungeheures Tempo auf, rund um die Altstadt wuchsen neue Stadtviertel aus dem Boden, um die zahlreichen „Zugroasten" aufzunehmen. Beim Tod des 91-jährigen Prinzregenten Ende 1912 wohnten in der nun viert-

Jubiläumskarte zur Erinnerung an den 80. Geburtstag von Prinzregent Luitpold am 12. März 1901

größten Stadt Deutschlands mehr als 600.000 Menschen – die Einwohnerzahl der Landeshauptstadt hatte sich innerhalb von nur 50 Jahren vervierfacht.

Es war eine ungeheuer bewegte Zeit, die Fortschritt brachte – etwa Mobilität und Stromversorgung –, aber auch Not, denn die Versorgung und Integration der aus den ländlichen Gebieten Zugezogenen verlief keineswegs reibungslos. Kurzum: Es war nicht alles gut in dieser alten Zeit, aber es war eine Zeit des Fortschritts, der Verstädterung und neuer Formen der Vergemeinschaftung sowie der sozialen Selbstvergewisserung. In der spezifisch münchnerischen Atmosphäre aus monarchieseligem Konservatismus, bäuerlich-derber Tradition und liberaler Stadtluft wuchs den freigeistigen Kreativen an der Schnittstelle zwischen hoher Kunst und volkstümlicher Unterhaltung eine einzigartige Rolle als Kulturvermittler zu. Vielleicht erscheint die Prinzregentenzeit auch deswegen, zumal im Kontrast zu den dann folgenden politischen Wirren und Weltkriegen, als die glücklichste Bayerns.

Als München leuchtete

In seiner 1901 fertiggestellten Novelle „Gladius Dei" prägte Thomas Mann das heutige Marketing-Motto „München leuchtet". Obwohl der „zugroaste" Hanseat seine Wahlheimat nicht nur als südländisch-sinnenfroh pulsierende Stadt der „festlich angewandten Kunst" beschrieb, sondern zugleich auch ironisch als einen nicht wirklich geistreichen Ort voller Banalitäten, steht zweifelsfrei fest: In der Prinzregentenzeit avancierte vor allem das Boheme-Viertel Schwabing zum literarisch-künstlerischen Epizentrum des deutschen Kaiserreiches. Dazu einige Stichworte.

Künstlerhaus

Ein ehemaliger Student der berühmten Akademie der Bildenden Künste, Franz von Lenbach, stand wie ein Fürst im Zentrum des malerischen Schaffens in München. Gemeinsam mit dem Architekten Gabriel von Seidl gestaltete er das Künstlerhaus am Lenbachplatz im Stil der italienischen Renaissance. Die Feste und Veranstaltungen in dieser am 29. März 1900 durch den Prinzregenten Luitpold höchstselbst eröffneten Villa waren legendär.

Allotria und Sezession

In der 1873 gegründeten Künstlergesellschaft Allotria („vergnüglicher Unfug") versammelten sich die „Revolutionäre" unter den Malern und Zeichnern, bildenden Künstlern, Komponisten und Architekten der Münchner Kunstszene. Von der Allotria spalteten sich 1892 wiederum diejenigen ab, die sich vom „Künstlerfürsten" Lenbach unabhängig machen wollten. Zu den Gründungsmitgliedern der Sezession zählten Max Liebermann, Franz von Stuck und Lovis Corinth.

Jugend

Die ab 1896 von Georg Hirth in München im Mehrfarbendruck herausgegebene Kunst- und Literaturzeitschrift gab einer ganzen Stilrichtung ihren Namen. Ein schönes Beispiel für die typischen geschwungenen Formen mit floralen Motiven ist das Haus in der Schwabinger Ainmillerstraße 22.

Titelblatt der „Jugend" aus dem Jahr 1896

Blauer Reiter

Paul Klee und Wassily Kandinsky waren Schüler von Franz von Stuck. Später bildeten die beiden zusammen mit Gabriele Münter, August Macke und Franz Marc die expressionistische Künstlergruppe „Blauer Reiter". Ihre erste Ausstellung 1911 im Arco-Palais, Theatinerstraße 7, wurde zu einem Meilenstein der modernen Kunst.

Simplicissimus

Die von Albert Langen herausgegebene satirische Wochenzeitschrift erschien von 1896 bis 1944 in München. Wilhelminischer Militarismus, bürgerliche Moral und Kirche, Politiker, Juristen und Beamte waren die Hauptzielscheiben ihres in Schrift und Bild vorgetragenen beißenden Spotts. Die Liste der Schreiber umfasst unter anderem Frank Wedekind, Ludwig Thoma, Hermann Hesse, Erich Kästner, Heinrich und Thomas Mann, Alexander Roda Roda und Oskar Maria Graf, als Zeichner betätigten sich beispielsweise Thomas Theodor Heine, Josef Benedikt Engl, Karl Arnold, Olaf Gulbransson und Heinrich Zille.

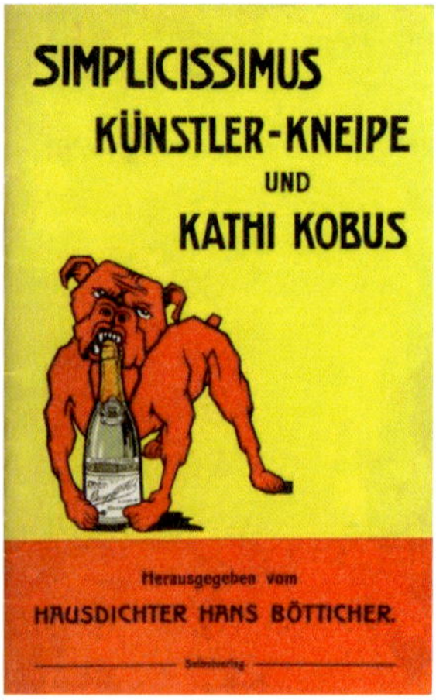

Titelblatt von Ringelnatz' Erstlingswerk, 1909 unter seinem bürgerlichen Namen Hans Bötticher publiziert.

Kabarett

Neben dem 1901 eröffneten ersten politischen Kabarett „Die Elf Scharfrichter" war der ebenfalls in der Türkenstraße angesiedelte „Simplicissimus" eine legendäre Künstlerkneipe mit Kleinkunstbühne. Markenzeichen des Lokals war Th. Th. Heines berühmte, angeblich nach dem Vorbild von Ludwig Thomas grimmiger Miene entworfene Bulldogge der gleichnamigen Zeitschrift – mit Sektflasche zwischen den gefletschten Zähnen. Für täglich neue Schnurren und vergnügliche Hymnen auf die Wirtin zuständig war der als Hausdichter angestellte Joachim Ringelnatz. „Es gibt auf dem ganzen Globus nur eine Kathi Kobus", dichtete der Verseschmied.

Schwabing als „Wahnmoching"

Franziska Gräfin zu Reventlow, in Husum gebürtige Schriftstellerin und Malerin, setzte der vergeistigten und zivilisationskritischen, aber auch schwärmerischen und enorm lebenshungrigen Schwabinger Boheme mit ihrem Roman „Herrn Dames Aufzeichnungen" ein Denkmal. Schauplätze des Romans sind vor allem die Salons und Treffpunkte des von ihr ironisch-liebevoll als „Wahnmoching" bezeichneten Stadteils, allen voran das Café Stefanie in der Amalienstraße und das Café Luitpold in der Brienner Straße. Die Zahl der Bekannten beziehunsweise Liebhaber der „Schwabinger Gräfin" war groß und reichte vom Theaterprovokateur Frank Wedekind bis zum Gefühlsdichter Rainer Maria Rilke, den berühmten Mystiker-Kreis der kosmischen Dichter-Propheten um Stefan George und Ludwig Klages überzog sie mit feinsinnigem Spott.

Oberlandler-Mode

Wiesn-Auftakt: stilbewusst in bayerischer Tracht

Die bayerische Tracht ist nicht nur Tradition, sondern auch Konstruktion. König Max II. gerierte sich als „Volkskundler auf dem bayerischen Thron“ und förderte gezielt die „als zweckmäßig bewährten Volkstrachten“. In den 1880er-Jahren setzte mit dem Segen seines Nachfolgers, Ludwig II., ein wahrer Gründungsboom von Trachtenvereinen ein. Viele Varianten erreichten jedoch kaum öffentliche Aufmerksamkeit. Popularisiert zuvörderst durch das Oktoberfest mit seinen Oberlandler-Kapellen galten bald einzig Trachten im alpenländischen Stil als original bayerisch. Zur Wiesn kommen die Madln im Dirndl, der Bua in Lederhosen und Leinenhemd, an den Waden werden „Loferl“ getragen, dazu gehört für beide Geschlechter ein Haferlschuh. Dieser war ursprünglich ein besonders robuster Alltags-Halbschuh für Gebirgler und Jäger, der in Oberbayern seitlich geschnürt und traditionell ohne Socken getragen wird.

Rekord-Bierpaläste

Zwischen 1873 und 1913 verdoppelte sich der Ausstoß der bayerischen Brauereien auf rund 20 Millionen Hektoliter jährlich. Dank der neuen Linde-Kältemaschine konnte das Bier nun das ganze Jahr über gekühlt, in Flaschen abgefüllt und problemlos ausgeliefert werden. Gleichzeitig wurden die Brauereigaststätten in München zu wahren Bierpalästen ausgebaut.

Es waren meist im Rückgriff auf das Mittelalter „romantisch" gestaltete, repräsentative Bauten in den Ausmaßen von Industriegebäuden. Menschen aus allen Schichten kamen hier zusammen. Und sie tun es bis heute, etwa im Hofbräuhaus. Der Massen-Bierausschank findet in der Gewölbe-Halle auf der unteren Ebene, der sogenannten „Schwemme", statt, wo es einst beim Bierzapfen recht feucht zuging. Das Gewölbe mit vielen Reihen von Tischen und Bänken bietet Platz für rund 1000 Personen. Dazu gibt es auf weiteren Ebenen mehrere große Säle für Veranstaltungen sowie weitere „Salettl" und „Stuben", so dass insgesamt 3000 Menschen auf 11.000 Quadratmetern bewirtet werden können.

Das Hofbräuhaus ist beeindruckend, aber trotzdem nicht rekordverdächtig. Der in den 1960er-Jahren abgerissene Münchner-Kindl-Bierkeller in der Rosenheimer Straße war mit rund 6000 Plätzen einst der größte Saal Münchens und wohl auch in Deutschland. Alle Räume zusammengenommen konnten hier etwa 11.500 Gäste gleichzeitig mit Bier versorgt werden. Zwischenzeitlich beanspruchte der 1907 von der Löwenbräu AG erworbene und ausgebaute „Mathäser" in der Bayerstraße, der größte Bierausschank der Welt zu sein. Die vollautomatische Geschirrspülmaschine im vielräumigen neuen Mathäser von 1957 schaffte pro Stunde sagenhafte 20.000 Teller und Tassen.

Es wären noch weitere bekannte und teils verschwundene Bräus und Keller zu nennen, etwa der Bürgerbräu, von den zahlreichen Riesen-Biergärten wie dem am Hirschgarten gar nicht zu reden. Viele dieser Sauffabriken spielten auch als Orte politischer Versammlungen – von den ganz Linken bis zu den ganz Rechten – eine herausragende Rolle in der Geschichte Münchens. Beherrscht wird die lokale Bierszene durch den 1871 von ursprünglich 17 Brauereien gegründeten Verein Münchner Brauereien. Heute sind mit Augustiner, Spaten-Franziskaner, Hacker-Pschorr, Paulaner, Hofbräu und Löwenbräu nur noch sechs übrig. Die zuletzt rund siebenmillionmalige Befüllung der Maßkrüge auf dem Oktoberfest ist ausschließlich diesen Brauereien vorbehalten. Auch der Nürnberger Großgastronom Georg Lang, der erstmals 1898 mit einer riesigen 6000-Plätze-Bierburg auf der Wiesn für Aufsehen sorgte, musste Kindl- beziehungsweise Augustiner-Bier ausschenken. Es lief gut, denn Lang sorgte für Stimmungsmusik und machte das Lied „Ein Prosit der Gemütlichkeit“ des Bremer Komponisten Georg Kunoth zum Hit.

Oans, zwoa, drei – gsuffa!

Mathäser-Brauhaus, Postkarte von 1912

An jedem Eck a Gaudi

Jeder kennt heute noch bayerische Volksschauspieler wie Gustl Bayrhammer oder Walter Sedlmayr. Weitgehend vergessen aber ist, dass München einmal die Stadt der mit diesen nicht zu verwechselnden Volkssänger war. Um 1914 soll es etwa 800 solcher Alleinunterhalter gegeben haben, die das Publikum als dialektstarke Humoristen, Komiker, Parodisten, Musikclowns und Liedermacher erfreuten.

In zahllosen Singspielhallen, Theatern, Varietés, Wirtschaften, Bierkellern, Hotels und sonstigen Lokalen, also quasi an jedem Eck, präsentierten diese „Bajubarden" ihre Mischung aus Witzen, Musik oder Schauspiel und sorgten für eine Steigerung des Getränkeumsatzes. Ihr Stücke waren der Lebenswirklichkeit entnommen, meist der kleinen Leute, vorherrschende Kunstform waren Couplets (im Dialekt gesungene Lieder mit Refrain) beziehungsweise Gstanzl (kurze Spottlieder) und Schnadahüpferl (derbe Vierzeiler).

Zu den beliebtesten Unterhaltern stiegen ab den 1870er-Jahren Jakob „Papa" Geis und Anderl Welsch auf, beide Meister der humoristischen Überzeichnung von „Volkstypen" wie Dienstmann, Droschkenkutscher, verbummelter Korpsstudent oder gscherter Bauer. Beide bildeten bald ganze Singspielgruppen mit abendfüllenden Original-Programmen im Hotel Oberpollinger und im Bamberger Hof. Später gehörten August Junker und Alois Hönle, die Erfinder der arbeitsscheuen Vorstadt-Typen Kare und Lucki aus der Au, auf der Volkssänger-Bühne Apollo-Theater zu den ganz großen Stars.

Das große Vorbild des 1882 im berüchtigten Stadtteil Au geborenen Karl Valentin war Karl Maxstadt, ein begnadeter Mime, der mehrere Dialekte beherrschte und das Publikum mit seiner großen Verwandlungsfähigkeit begeisterte. Wie dieser trat Valentin anfangs als Salonhumorist mit Gehrock, Fliege und weißen

Handschuhen auf. Der Erfolg stellte sich allerdings erst ein, als er in die ihm auf den spindeldürren Leib geschneiderte Rolle des Karikaturkomikers schlüpfte.

In der Spätzeit des Volkssängerwesens wurden die Auftritte Weiß Ferdls im Theater am Platzl zum Kult. Der Spezialist für Preißn-Witze und Schmunzellieder („Ein Wagen von der Linie 8“), schon früh mit den Nationalsozialisten sympathisierend und antisemitische Klischees bedienend, war er in den 1930er-Jahren aber ebenso für seine Anti-Nazi-Scherze über die Grenzen Bayerns hinaus bekannt. Weiß Ferdl war auch als Filmschauspieler und Festredner beim berühmten Salvator-Anstich auf dem Nockherberg gefragt. Er setzte damit eine Tradition fort, die 1891 von Jakob Geis begründet worden war. Ab den 1950er-Jahren, als sich in München mit der Lach- und Schießgesellschaft und dem Rationaltheater ein spitzzüngiges politisches Kabarett etablierte, gewann die Starkbierprobe mit den Salvator-Rednern Roider Jackl und Emil Vierlinger ihre heutige Form des „Derbleckens“: dem zähnebleckenden, bissig-scherzhaften Verspotten der Polit-Prominenz.

Der Weiß-Ferdl-Brunnen
auf dem Viktualienmarkt

Hort der Abstinenzler

München ist fraglos die deutsche Hauptstadt des Bieres. Hier wurden Rekorde hinsichtlich Bierproduktion und Bierkonsumation aufgestellt. Weniger bekannt ist, dass mitten in diesem Hort der bayerischen Gemütlichkeit auch die Zentralstelle der radikal-fanatischen Anti-Alkoholiker angesiedelt war, nämlich in der Psychiatrischen Universitätsklinik.

In den Klinikgebäuden an der Nussbaumstraße 7 wirkte seit 1904 der Mann, den Sigmund Freud als „Oberpapst" der deutschen Psychiatrie bezeichnet hat: Emil Kraepelin. Sein „Lehrbuch der Psychiatrie" galt als Standardwerk. Dem breiten Publikum bekannt wurde der Psychiater allerdings vornehmlich als vehementer Vertreter der Anti-Alkoholbewegung und Kämpfer gegen die soziale und moralische Degeneration. In zahllosen Vorträgen hämmerte er seinem Publikum ein, dass Alkoholgenuss zu fataler Enthemmung, einer Zunahme der geistigen Erkrankungen und am Ende meist ins Irren- oder Zuchthaus führe. Insgesamt 19 Publikationen widmete er allein diesem „verheerenden Volksgift", das „unser Dasein als Volk" und die „Gesundung unserer Rasse" gefährde.

Es war zu erwarten, dass der militante Abstinenzler in der Bierstadt München auf den Spott nicht lange warten musste. Witzelnde Angestellte der Klinik tauften die dort ausgeschenkte grüne und rosafarbene Brauselimonade auf den Namen „Kraepelin-Sekt". Stadtbekannt wurde die Geschichte über das Anstellungsgespräch eines Dienstmädchens bei Kraepelins Ehefrau Ina. Hingewiesen auf das strikte Alkoholverbot im Hause, meinte diese völlig entspannt: Dies sei nichts Ungewöhnliches, da auch ihr letzter Arbeitgeber schwerer Alkoholiker gewesen sei und die „Gnädige" sie in ähnlicher Weise instruiert habe.

Im Oktober 1907 veranlasste Kraepelin eine Studie zum Nachweis, dass die Schießleistungen von Soldaten unter Alkoholeinfluss deutlich nachlassen würden. Das Experiment unter der Leitung eines Oberarztes wurde mit 22 Soldaten der bayerischen Armee streng militärisch durchgeführt. Um 8.20 Uhr trank die eine Hälfte 1,25 Deziliter Cognac (40 Gramm Alkohol), die andere bekam Wasser. Ab 8.25 Uhr wurde in Abständen von 20 Minuten zweimal geschossen, nachmittags wurde die Versuchsreihe wiederholt. Als Kraepelin bei einer Kontrolle feststellte, dass die gewünschten Ergebnisse ausgeblieben waren, ordnete er an, die Wartezeit nach der Einnahme des Alkohols zu verlängern: Dessen Wirkung, wusste er, müsse sich erst entfalten können. Doch auch dies änderte nichts. Nach 20 Tagen hatten die Alkoholisierten eine Ringzahl von 58.723 erreicht, die Nüchternen jedoch nur von 58.397. Das peinliche Ergebnis der Studie wurde nie veröffentlicht.

Emil Kraepelin im Jahr 1918

Brause-Limonaden wurden unter anderem auch in Pasing hergestellt und zu Kraepelins Zeiten meist in Kugelverschlussflaschen, sogenannten „Kracherl“, abgefüllt.

München. Eine Zeitreise

Die Geschichte der bayerischen Landeshauptstadt beginnt als kleiner Markt an der Isar. Ihre Pracht entfaltet sie als Residenz von Herzögen und Königen. Als Kunsthochburg, Biermetropole und mondänes Weltdorf wird sie berühmt.

1158 „Munichen" wird erstmals als Markt erwähnt.

1208 Herzog Ludwig I. stiftet das Heilig-Geist-Spital.

1214 Erste Erwähnung als Stadt.

1323 Erstes Stadtsiegel mit Mönch-Motiv.

1327 Der Großbrand vom 13. Februar zerstört die Stadt.

1385 Bau der Neuveste an der Stelle der heutigen Residenz.

1480 Fertigstellung des Alten Rathauses.

1487 Herzog Albrecht IV. erlässt ein Reinheitsgebot für das in München gebraute Bier.

1494 Der Neubau der Frauenkirche wird geweiht.

1506 München wird Hauptstadt des gesamten Herzogtums Bayern.

1580 Der heilige Benno avanciert zum Schutzpatron.

1607 Am Platzl wird das „Weiße Hofbräuhaus" eröffnet.

Herzog Maximilian I. erhält die Kurfürstenwürde.	**1623**
Pestausbruch in der Stadt.	**1634**
Mit der Planung von Schloss Nymphenburg und Theatinerkirche beginnt die Zeit des Hochbarock.	**1663**
Der Protest gegen die Besetzung durch österreichische Truppen mündet in der „Sendlinger Mordweihnacht“.	**1705**
Gründung der Nymphenburger Porzellanmanufaktur.	**1747**
Eröffnung des Cuvilliés-Theaters (ehemals Residenztheater).	**1753**
Kurfürst Karl Theodor ordnet die Anlage eines Volksparks an (Englischer Garten).	**1789**
Nach dem Abriss der Stadtmauern entsteht der nach dem Kurfürsten benannte Karlsplatz (Stachus).	**1797**
Von Napoleons Gnaden wird Bayern Königreich und Max I. Joseph sein erster Regent.	**1806**
Eröffnung des Viktualienmarktes.	**1807**
Erstes Oktoberfest auf der Theresienwiese.	**1810**
Das Königreich Bayern erhält eine konstitutionelle Verfassung. Am 12. Oktober wird das Nationaltheater (Bayerische Staatsoper) eröffnet.	**1818**
Unter König Ludwig I. entwickelt sich München innerhalb von zwei Jahrzehnten zu einer Kunststadt.	**1825**

1840 Die Bahnstrecke von München nach Augsburg wird am 4. Oktober eröffnet.

1848 Vor dem Hintergrund revolutionärer Unruhen führt eine Affäre mit der Tänzerin Lola Montez am 20. März zur Abdankung von König Ludwig I. zugunsten seines Sohnes Maximilian.

1850 Am 9. Oktober wird die Bavaria feierlich enthüllt.

1854 Erste Allgemeine Deutsche Industrieausstellung

1868 42 Jahre nach der Verlegung der Ludwig-Maximilians-Universität von Landshut nach München erhält die Stadt mit der Technischen Universität eine zweite Hochschule.

1886 Beginn der kulturellen Blüte unter Prinzregent Luitpold.

1900 Das Künstlerhaus am Lenbachplatz nimmt am 29. März seinen Betrieb auf.

1909 Das Neue Rathaus ist nach 42-jähriger Bauzeit fertiggestellt.

1911 Eröffnung des Tierparks Hellabrunn.

1918 Der sozialdemokratische Politiker und Schriftsteller Kurt Eisner ruft am 8. November den „Freistaat Bayern" aus.

1919 Am 26. Februar nehmen 100.000 Menschen an der Beerdigung des fünf Tage zuvor erschossenen bayerischen Ministerpräsidenten Kurt Eisner teil. Revolutionäre Unruhen münden in einer Räterepublik, die Anfang Mai blutig endet.

1923 Am 9. November wird der Hitler-Ludendorff-Putsch vor der Feldherrnhalle gestoppt.

1925 Das „Deutsche Museum von Meisterwerken der Naturwissenschaft und Technik“ öffnet seine Tore.

1933 Am 22. März übernehmen die Nationalsozialisten die Macht, zugleich wird in Dachau das erste Konzentrationslager eingerichtet.

1935 München erhält den NS-Ehrentitel „Hauptstadt der Bewegung“.

1937 Am 19. Juli startet in den Hofgartenarkaden die Ausstellung „Entartete Kunst“, am 8. November eröffnet die Ausstellung „Der ewige Jude“ im Deutschen Museum.

1938 Im Juni wird die Münchner Hauptsynagoge von den Nazis zerstört. Das „Münchner Abkommen“ vom 30. September führt zur Abtretung des Sudetenlandes an Nazi-Deutschland. Am 8. November hält Joseph Goebbels im Alten Rathaus die Auftakt-Rede zur „Reichspogromnacht“.

1939 Am 8. November missglückt im Bürgerbräukeller Georg Elsers Attentat auf Hitler.

1940 Der erste von insgesamt 73 Luftangriffen der Alliierten trifft München am 10. März.

1943 Verhaftung und Hinrichtung der Mitglieder der Widerstandsgruppe „Weiße Rose“.

1945 Am 30. April marschieren amerikanische Truppen in München ein.

1949 Am 12. Januar hält der neue Landtag seine erste Sitzung im Maximilianeum ab.

1957 München wird Millionenstadt.

1958 Am 6. Februar sterben bei einem Flugzeugunglück in Riem 23 Menschen, darunter acht Spieler von Manchester United.

1962 Auf die nächtliche Ruhestörung durch jugendliche Straßenmusikanten am 21. Juni reagiert die Polizei hart und provoziert damit die tagelang anhaltenden „Krawalle von Schwabing".

1968 Am 15. April werden bei einer Anti-Springer-Demonstration vor dem Buchgewerbehaus der Fotoreporter Klaus Frings und der Student Rüdiger Schreck tödlich verletzt. Die Polizei deeskaliert nun mit der sanften „Münchner Linie".

1971 Am 4. August kommt es bei einem Banküberfall in der Prinzregentenstraße erstmals in der Geschichte der BRD zu einer Geiselnahme (mit tödlichem Ausgang). Am 19. Oktober nimmt die U-Bahn ihren Betrieb auf.

1972 Die Olympischen Spiele von München (26. August bis 11. September) werden von einem Attentat palästinensischer Terroristen überschattet.

1973 Das BMW-Hochhaus und das Einkaufs- und Freizeitzentrum Schwabylon werden fertiggestellt.

1974 Das Eröffnungsspiel und das Finale der Fußballweltmeisterschaft finden im Olympiastadion statt.

1980 Durch die Explosion einer Bombe auf dem Oktoberfest werden am 26. September 13 Menschen getötet und 221 zum Teil schwer verletzt.

Ausstellung zum Film „Das Boot" in der Bavaria Filmstadt. 1981

Das Kulturzentrum auf dem Gasteig wird eröffnet. 1985

Am 17. Mai geht der neue Großflughafen (MUC) im Erdinger Moos in Betrieb. 1992

Das Bürgerbegehren „Drei Tunnels braucht der Mittlere Ring" endet erfolgreich. 1996

Die Neue Messe öffnet ihre Tore in Riem. 1998

Eröffnung der Pinakothek der Moderne. 2002

Fertigstellung von „Uptown" und „Highlight Towers". 2004

Die Allianz-Arena und die neue Hauptsynagoge am St.-Jakobs-Platz werden eröffnet. 2006

Dominik Brunner, am 12. September Helfer mit Zivilcourage am S-Bahnhof Solln, wird tödlich verletzt. 2009

Der FC Bayern gewinnt erstmals das Titel-„Triple" (Meisterschaft, DFB-Pokal und Champions League). 2013

Ein Attentäter tötet am 22. Juli im Olympia-Einkaufszentrum von Moosach neun Menschen. 2016

Nach der Kommunalwahl im März liegen die Grünen im Stadtrat erstmals vor CSU und SPD. 2020

Zeichen für Toleranz: Am 10. Juli leuchtet die Allianz-Arena in Regenbogenfarben. 2021

Dienstradler im Himmel

Der berühmteste Münchner ist zweifellos Alois Hingerl, der 1911 von Ludwig Thoma erfundene Dienstmann mit der Nr. 172, der eines Tages einen Auftrag am Münchner Hauptbahnhof mit solcher Hast ausführte, dass er tot umfiel und in den Himmel fuhr. Endgültig unsterblich gemacht haben ihn Walter und Traudl Reiner 1962 durch einen Zeichentrickfilm, in dem der dickliche Dienstmann mit der Stimme Adolf Gondrells den typisch münchnerischen Grantler gibt.

Der Engel Aloisius. Das Graffito nach der Zeichentrick-Figur am Münchner Elisabethmarkt fiel Umbauarbeiten zum Opfer.

Von Petrus mit einer Harfe ausgestattet, soll der Engel Aloisius den ganzen Tag und ohne Bier auf seiner Wolke frohlocken und Hosianna singen. Als er widerwillig und gleichzeitig schimpfend damit beginnt, kommt ausgerechnet ein „Roter Radler" vorbei, was seinen Zorn weiter anfacht. Nun also auch noch Fahrradkuriere im Himmel! Und er verpasst dem unliebsamen Konkurrenten mit seiner Harfe einige Hiebe: „Lausbua, mistiga!"

Dienstmänner wie der Alois, teils mit Karren oder Kraxen (Rückentragen) ausgestattet und in der Regel mit festem Standrevier, wurden ab Mitte des 19. Jahrhunderts lizensiert und in Instituten organisiert, die zum garantierten Festpreis Gepäcktransporte, Botendienste und andere Aufgaben erledigten. Das Schild mit der Lizenznummer des Dienstmanns schützte die Auftraggeber vor illegalen, eventuell betrügerischen Schleppern. Manche Institute gaben auch Garantiemarken für einen innerhalb von 48 Stunden einzulösenden Entschädigungsanspruch aus.

Zu Beginn des 20. Jahrhunderts entstand diesen Dienstmännern in vielen deutschen Großstädten eine mächtige Konkurrenz durch neuartige Fahrradkurierdienste. Benannt wurden diese meist nach ihren Uniformen: Es gab die Grünen, Gelben, Braunen, Blauen und in München boten eben die „Roten Radler“ ihre Dienste an. Sie sorgten nicht nur für die schnelle Erledigung eiliger Kurierdienste, sondern auch, dann mit Dreirädern ausgestattet, für den Transport von schweren Lasten.

Der Dienstmann Aloisius hat also allen Grund, auf die flinke Konkurrenz sauer zu sein und lauthals zu fluchen, „Himmi Herrgott – Erdäpfi – Saggerament ...“. Schließlich wird er von dem darob genervten Gott wieder nach München zurückgeschickt, um einen „Ratschluss für den Kultusminister Wehner“ (so das Original) beziehungsweise für die Bayerische Staatsregierung (so die spätere Bearbeitung) zu besorgen. Das Ergebnis: „Allein, nach seiner alten Gewohnheit ging er mit dem Brief zuerst ins Hofbräuhaus, wo er noch sitzt.“ So kam es, dass die Politiker in der Staatskanzlei bis heute „vergeblich auf die göttliche Eingebung“ warten.

Zur Frage, wie lange man im Hofbräuhaus sitzen kann, hier noch der Hinweis auf Ludwig Aidelsburger. Der Rekord-Stammgast starb 2012 im Alter von 92 Jahren nach 63 Biersitzungs-Jahren.

Auf einem Plakat des Grafikers Carl Moos von 1908 werben die Roten Radler als „Dienstmann-Institut“ für sich.

Fußballer beim Hoflieferanten

Entgegen einer weit verbreiteten Annahme waren die Hofpfisterei, das Hofbräuhaus oder die berühmte, bereits 1747 gegründete Nymphenburger Porzellanmanufaktur keine „Hoflieferanten", sondern Eigenbetriebe des bayerischen Hofes. Auch ohne diese Betriebe, die später meist verpachtet wurden, ist die Liste der ernannten Hoflieferanten lang. Wenig bekannt ist, dass solche vornehmen Firmen auch mit dem einst als unfeine Sache verpönten Fußball zu tun hatten.

Die Krone und das Wappen der Wittelsbacher stolz im Firmenlogo tragen und regelmäßig die königliche Familie beliefern durften Betriebe wie Dallmayr, Develey, Erbshäuser, Eilles, Zechbauer, Radspieler, Hierneis, Lodenfrei, Roeckl, Lentner, Marstaller, Prantl, Beck, Thomass, Bucherer ... Ob Delikatessen, Senf, Torten, Tee, Zigarren, feinste Stoffe, Mode, Trachten, Handschuhe, Bücher, Leder- und Papierwaren oder Posamenten, Schmuck und Uhren – in allen Sparten gab es Hoflieferanten. Eine der bekanntesten Firmen ist die von Johann Conrad Develey, die im Jahr 1874 in den illustren Kreis aufgenommen wurde. Das hatte Develey wohl nicht zuletzt seinem 20 Jahre zuvor erfundenen Original Münchner Weißwurstsenf zu verdanken. Sein Geheimnis bestand darin, dem scharfen Senf karamellisierten Zucker und eine spezielle Gewürzmischung beizugeben.

Erst um 1900 erfolgte die Ernennung des Herd- und Ofen-Herstellers Friedrich Wamsler zum Hoflieferanten. Auch bei „Sr. Königlichen Hoheit, bei Fürsten, Prinzen und allen Adeligen gab es bald keine Küche ohne Wamsler Herde", heißt es in der Firmenchronik. Zum absoluten Verkaufsschlager in den „normalen" Küchen Deutschlands avancierte indessen eine kleinere Variante, nämlich der transportable Sparkochherd mit „bayerischem" Doppelzug.

Als ginge es um den TSV 1860 München: Die Ursprungsfarben des FC Bayern waren Hellblau und Weiß, so wie das Markenzeichen der Wamsler-Fabrik. Die Gedenkplatte an der Clemensstraße 50 wurde 2018 angebracht.

Eher zufällig nahm der Firmenchef auf die Entwicklung des Fußballs in München Einfluss. Im Hof der Fabrik jagten Friedrich Wamslers Söhne Fritz und Carl mit Angestellten dem runden Leder hinterher. Beide Söhne gehörten zu den 17 Gründungsmitgliedern des FC Bayern. Friedrich Senior stiftete den Kickern Tore, Ball und Trikotsätze allerdings in den „Sechziger"-Farben Weiß und Blau (!) und stellte schließlich – vermutlich, weil ihn das Gekicke auf dem Fabrikgelände nervte – ein umzäuntes Spielfeld an der Clemensstraße 50 zur Verfügung. Dort trug der spätere Rekordmeister bis 1907 seine Heimspiele aus. Es ist anzunehmen, dass sich einige der Kicker bei Hermann Münzinger „Gummi- und Guttapercha-Waren sowie Sportartikel" ausgerüstet haben. Das im Jahr 1892 zum Hoflieferanten ernannte und seit 1904 im Münchner Rathaus ansässige Unternehmen zählt zu den ältesten bis heute aktiven Sportfachgeschäften der Welt.

AHA!

Revolutionärer Freistaat

Weil der Begriff „Freistaat“, der 1946 in die bayerische Verfassung aufgenommen wurde, die Sonderrolle Bayerns so plakativ ausdrückt, versäumt es kein CSU-Politiker, ihn voller Stolz zu präsentieren. Das Problem ist nur: Der Begriff ist älter, und die CSU hat ihn auch nicht erfunden. Ministerpräsident Markus Söder brachte es sogar fertig, zum 100-jährigen Jubiläum des Freistaats im Jahr 2018 den Namen des „Erfinders“ gar nicht zu erwähnen.

Ausgerufen wurde der Freistaat Bayern nämlich im November 1918 von einem linken Intellektuellen, dem Journalisten, Schriftsteller und Pazifisten Kurt Eisner. Als einer der Hauptinitiatoren des gegen den Krieg gerichteten Januar-Streiks der Münchner Rüstungsarbeiter verhaftet und erst Mitte Oktober 1918 wieder entlassen, trat der Chef der Unabhängigen Sozialdemokraten (USPD) am 7. November bei einer großen Friedendemonstration auf der Theresienwiese als Redner auf. Dann passierte Erstaunliches: Begleitet von dem Bauernführer Ludwig Gandorfer brach Eisner mit einigen Hundert Anhängern auf, um die Münchner zur Revolution zu führen!

Der Zug passierte die verschiedenen Kasernen der Stadt, wurde dabei immer größer – denn die kriegsmüden Soldaten schlossen sich umstandslos an – und endete am Abend schließlich im „Mathäser“, wo von einigen Tausend Teilnehmern ein Arbeiter- und Soldatenrat gewählt wurde. Um der Sache einen würdigen Rahm zu verleihen, zogen die frisch ernannten Volksvertreter unter der Führung Eisners noch in der Nacht zum nahe gelegenen Landtag in die Prannerstraße. Vom Podium des Sitzungssaals erklärte Eisner: „Wir haben heute Abend gesehen, wie man Geschichte macht. Bayern ist ein Volksstaat. Die Dynastie Wittelsbach ist abgesetzt und mit Ihrer Zustimmung übernehme ich das Amt des provisorischen Ministerpräsidenten.“

1918/19 erhielten Briefmarken nachträglich den Stempel-Aufdruck „Freistaat Bayern“.

Kurt Eisner

Während der um seine Sicherheit fürchtende König Ludwig III. per Mietauto in Richtung Chiemsee floh, entwarf Eisner im Landtag eine Proklamation, die am nächsten Tag als Zeitungstitelseite erschien: „Bayern ist fortan ein Freistaat.“ Eine kürzere Variante wurde auf roten Plakaten in der ganzen Stadt angeschlagen. Auf diesen war nun von einer „Bayerischen Republik“ die Rede. „Volksstaat“, „Freistaat“, „Republik“ – Eisner nahm es mit den Begriffen nicht so genau. Gemeint war ein- und dasselbe: die Abschaffung der Monarchie und die freie Wahl von Volksvertretern. Bis zu den Wahlen sollte eine Revolutionsregierung mit Kurt Eisner als Ministerpräsident und dem SPD-Chef Erhard Auer als Innenminister regieren. Gewählt wurde sie von einem Gremium, das sich als provisorischer Nationalrat des Freien Volksstaats Bayern bezeichnete. Dienstsitz Eisners wurde das Palais Montgelas am Promenadeplatz.

Räte im Königspalais

Bei den ersten Landtagswahlen Anfang 1919 kam die USPD des amtierenden Ministerpräsidenten Kurt Eisner auf gerade einmal 2,53 Prozent der Stimmen. Obwohl politisch bereits erledigt, wurde er, seine Rücktrittsrede in der Tasche, am 21. Februar auf dem Weg zum Landtag von einem völkisch-nationalistischen Attentäter erschossen. Es folgten Tumulte mit weiteren Toten und Verletzen, die Ereignisse eskalierten und mündeten schließlich in die Ausrufung einer Räterepublik.

Durch seine zukunftsweisende politische Agenda – Frauenwahlrecht, Acht-Stunden-Arbeitstag, staatliche Schulaufsicht, Pressefreiheit –, vor allem aber durch sein Bekenntnis zur deutschen Kriegsschuld, war der Ministerpräsident in rechten Kreisen zu einer Unperson geworden. Als Mitte März eine neue Regierung unter dem SPD-Politiker Johannes Hoffmann vom Landtag bestätigt und damit der Kurs in Richtung einer pluralistisch-parlamentarischen Demokratie eingeschlagen war, radikalisierte sich die Stimmung unter den linken Arbeiter- und Soldatenräten. Am Abend des 6. April versammelten sich im Wittelsbacher Palais – genauer: im Schlafzimmer der ehemaligen Königin Therese – etwa 100 Vertreter der Parteien, Gewerkschaften und Räte. Als Chef des ausschließlich aus Nicht-Münchnern bestehenden neuen „revolutionären Zentralrates" richtete der Schriftsteller Ernst Toller dort sein Hauptquartier ein – im Badezimmer, da die anderen Räume zu groß und protzig seien für eine Arbeiterregierung. Eine von den vollbärtigen Poeten Erich Mühsam und Gustav Landauer vorbereitete Proklamation wurde am Morgen des 7. April in den Zeitungen und auf hunderten Plakaten verbreitet. „Baiern ist Räterepublik!", lautete die in vormonarchischer Schreibweise gehaltene Überschrift. Die für abgesetzt erklärte Regierung Hoffmann floh nach Bamberg.

Führende Köpfe der ersten und zweiten Münchner Räterepublik

Das Abenteuer dieser ersten Räterepublik dauerte nur wenige Tage. Am 13. April, dem Palmsonntag, drangen regierungstreue Soldaten in das Palais ein und verschleppen einige Aktivisten der Räterepublik. Der Putschversuch wurde niedergeschlagen, danach übernahmen die Kommunisten unter Führung von Eugen Leviné und Max Levien das Kommando. Aber auch diese zweite Räterepublik konnte sich nur wenige Tage halten. Mobilisiert von den SPD-Regierungen in Bamberg und Berlin marschierten Anfang Mai Reichswehr- und Freikorpsverbände in München ein. Berichte über die Erschießung von Geiseln durch Gardisten der „Roten Armee" fachten den nun einsetzenden „Weißen Terror" noch an. Über 600 Tote gab es bei den Kämpfen, rund 2000 von tatsächlichen oder auch nur vermeintlichen Anhängern der „Roten" wurden ermordet, standrechtlich erschossen oder per psychiatrischen Gutachten als „hysterische Psychopathen" gebrandmarkt und zu langen Haftstrafen verurteilt.

AHA!

Radler und Russ'n-Maß

Allgemein bekannt ist: „Radler" heißt in Bayern das Mischgetränk aus Bier und Limonade. Weniger bekannt ist, dass „das Radler" in Österreich „der Radler" heißt. Aber wer hat es eigentlich erfunden? Und was hat das Weißbier-Limo-Gemisch, die „Russ' n-Maß", eigentlich mit Russen zu tun?

Weil das Fahrradfahren so populär war, hatte der Gastwirt eigens einen Radweg durch den Perlacher Forst anlegen lassen, um möglichst viele Münchner nach Oberhaching zu seiner Kugler-Alm zu locken. Das gelang so gut, dass ihm eines Tages im Jahr 1922 ob des Andrangs das Bier auszugehen drohte. Da mischte er kurzerhand die Reste mit Limonade und erklärte frech: Er habe extra „Radlermaßen" gemischt, damit seine Gäste sicherer nach Hause radeln könnten.

Ersterfinder des Mixgetränks kann er allerdings nicht sein. Die Schriftstellerin Lena Christ berichtete bereits 1912 in ihrem ersten Roman über den Ausschank von „Radlermaßen". Sie bediente um 1900 im Ausflugsgasthaus Floriansmühle in Freimann, als die neue Mode des Radfahrens gerade zu boomen begann und im Fachhandel sogar schon Damen-Radfahrkostüme aus Loden erhältlich waren. Ende des 19. Jahrhunderts hatten sich zahlreiche Radfahrer-Ausflugsvereine gegründet. Eigentlich also nur logisch, dass die Pedalisten bei der unumgänglichen Einkehr auf Bier nicht ganz verzichten, aber vorschneller Trunkenheit vorbeugen wollten. Ganz neu waren solche Mixgetränke freilich nicht. Unter der Bezeichnung „Shandygaff" war in England bereits Mitte des 19. Jahrhunderts eine Kombination aus Bier und Ginger Ale bekannt.

Die gängige Legende zur Erfindung der „Russ' n-Maß" schließlich geht so: Weil die im Volksmund als „Russen" bezeichneten

Radler am Münchner Siegestor, Künstlerpostkarte von 1898,
Nr. 1024 von Ottmar Zieher, Kunstanstalt München

linken Revolutionäre im November 1918 bei den Versammlungen der Arbeiter- und Soldatenräte im „Mathäser“ einigermaßen nüchtern hätten bleiben wollen, hätten sie ihr Löwenbräu-Weißbier mit Limonade gemischt. Kundige Historiker halten dem entgegen, dass in dieser Zeit des Mangels kein Bier aus Weizen gebraut werden durfte und von Löwenbräu gar nicht hergestellt wurde. Bier-Experten hingegen argumentieren, dass in Bayern traditionell auch mit Gerste gebraute obergärige und im Vergleich zu den untergärigen Braunbieren hellere Biere als Weißbier bezeichnet wurden.

Welches Bier auch immer Verwendung fand – belegen lässt sich jedenfalls, dass die Revolutionäre ein Getränk namens „Russ“ kannten. In der letzten Ausgabe der anarchistischen Zeitschrift „Der Ziegelbrenner“ vom 21. Dezember 1921 findet sich die fiktive Zeitungsüberschrift „100.000 Russen versäuft“. Der Autor Ret Marut alias B. Traven war im Frühjahr 1919 Leiter der Presseabteilung des Zentralrats der Münchner Räterepublik.

Spätfolgen eines Putsches

Geplant war ein „Marsch auf Berlin“, um dort die Macht zu ergreifen. Doch die von den Nationalsozialisten erhoffte Unterstützung durch die rechtskonservativen Machthaber in München blieb aus. Adolf Hitler und der ehemalige Chef des deutschen Heeres, Erich Ludendorff, entschlossen sich daher am 9. November 1923 zu einem Demonstrationszug, um ihr Vorhaben doch noch zum Erfolg zu bringen.

Als die etwa 2000 vom Bürgerbräukeller aufgebrochenen Putschisten in dichten Reihen von der Residenzstraße aus auf den Odeonsplatz vordrangen, erwartete sie dort eine von etwa 130 bayerischen Landespolizisten gebildete Postenkette. Hitler, eingehakt zwischen Max-Erwin von Scheubner-Richter und seinem Leibwächter Ulrich Graf, Erich Ludendorff mit seinem Diener Kurt Neubauer und SA-Führer Hermann Göring marschierten in erster Reihe. Um 12:45 Uhr fiel ein Schuss. Die nervösen Polizisten eröffneten ohne Befehl das Feuer. Während der bei ihm untergehakte Scheubner-Richter, in der Lunge getroffen, zusammenbrach, schlug der ebenfalls stürzende Hitler mit Wucht auf das Straßenpflaster und kugelte sich dabei die Schulter aus. Unmittelbar danach fiel sein Leibwächter Graf vor ihn und fing nicht weniger als elf Kugeln mit seinem Körper ab. Auch Göring wurde in Lende und Leiste getroffen. In dem kaum eine Minute andauernden Gefecht starben 14 Putschisten, vier Polizisten und ein unbeteiligter Oberkellner, viele weitere Menschen wurden verletzt.

Es folgten das Verbot der NSDAP und die Prozesse gegen die festgenommenen Teilnehmer. Während Ludendorff freigesprochen und Hitler zu fünf Jahren Festungshaft verurteilt wurde, blieb der geflohene Göring bis zu der 1925 erfolgten Generalamnestie im Ausland. Für den späteren Reichsmarschall hatte der Putsch dann noch ein unerfreuliches Nachspiel: Der fränkische Gauleiter und Putschteilnehmer Julius Streicher behauptete nämlich, Görings Tochter Edda müsse „ein Produkt künstlicher Befruchtung" sein, da der angebliche Vater aufgrund seiner an der Feldherrnhalle erlittenen Verletzung impotent sei. Streicher verlor 1940 sämtliche Parteiämter. Ulrich Graf hingegen, der von seinen zahlreichen Verwundungen genesene „Kugelfang" Hitlers, genoss als Lebensretter des „Führers" besondere Ehrungen.

Nach der Machtübernahme der Nazis 1933 wurde an der Residenzstraßen-Seite der Feldherrnhalle ein Gefallenen-Ehrenmal errichtet, davor stand Tag und Nacht eine SS-Ehrenwache. Nicht nur bei den nun alljährlich am 9. November abgehaltenen Feierlichkeiten mussten hier Vorübergehende den Hitlergruß entrichten. Manche Münchner entkamen dem durch die Benutzung des „Drückebergergassl": Über die Viscardigasse gingen sie in die Theatinerstraße und gelangten so grußlos auf den Odeonsplatz.

Ab 1933 war die Feldherrnhalle am 9. November alljährlich Schauplatz von Gedenkfeiern, hier im Jahr 1938.

Braune Randerscheinung

Der Aufstieg der Nationalsozialisten erfolgte keineswegs so kontinuierlich und absehbar, wie das manchmal dargestellt wird. Der Sterneckerbräu und der Bürgerbräukeller – also der Gründungsort der NSDAP im Jahr 1919 und der Ausgangspunkt der in der englischsprachigen Welt als „Beer Hall Putsch" bezeichneten Ereignisse vom 9. November 1923 – avancierten erst nach 1933 zu Wallfahrtsorten der NS-Bewegung. Noch wenige Jahre zuvor galt Hitler bloß als kuriose historische Randerscheinung.

Stadtführer geleiteten Touristen in den Bürgerbräukeller an der Rosenheimer Straße, um ihnen die Spuren des gescheiterten Umsturzversuches zu zeigen. Am Vorabend des Marsches zur Feldherrnhalle hatte hier der bayerische Generalstaatskommissar Gustav von Kahr eine Großveranstaltung abgehalten. Adolf Hitler, Erich Ludendorff, Hermann Göring und andere Putschisten hatten den Saal gestürmt, Hitler hatte die „nationale Revolution" verkündet und mit seiner Pistole in die Saaldecke geschossen, um sich im Tumult Aufmerksamkeit zu verschaffen.

Nur zwei Monate nach seiner vorzeitigen Entlassung aus der Festungshaft, am 27. Februar 1925, erfolgte im Bürgerbräukeller die Wiedergründung der vorübergehend verbotenen Nazipartei. Diese weckte allerdings zunächst keineswegs das erhoffte große Interesse. Hitler sei nur „eine Saisonerscheinung" gewesen und jetzt „nur noch ein historisches Exkrement", vermerkte im Jahr 1928 ein humoriger Münchner Reiseführer, nachdem die NSDAP bei den Reichstagswahlen nur magere 2,6 Prozent der Stimmen erreicht hatte. Man solle daher unbedingt den oberen Saal des Hofbräuhauses aufsuchen, falls sich die selten gewordene Gelegenheit biete, dort den Herrn Hitler dabei zu erleben, wie er inmitten seiner Braunhemden und „unter gleichzeitiger dankenswerter Hebung des Bierkonsums" mal wieder „die Abschüttlung des Fremdenjochs" vollziehe.

Fünf Jahre später war Hitler keine seltene Attraktion mehr. Ab 1933 machte es sich der nunmehrige „Führer“ zur Gewohnheit, alljährlich am 8. November im Bürgerbräukeller vor Teilnehmern des Putschversuches eine Rede zu halten. 1939 wäre ihm das beinahe zum Verhängnis geworden. Anders als in den Jahren zuvor sprach er an diesem Abend nur kurz. Er beendete seine Rede bereits um 21 Uhr und verließ wenige Minuten später den Saal, um den für 22 Uhr terminierten Sonderzug nach Berlin zu erreichen. Die von Georg Elser in die Säule hinter dem Rednerpult eingebaute Zeitbombe explodierte kurz darauf um 21:20 Uhr. Sieben NSDAP-Mitglieder und eine Kellnerin starben, mehr als 60 Personen wurden verletzt. Die Schäden konnten beseitigt werden, trotzdem zog es Hitler im nächsten Jahr vor, seinen Auftritt in den Löwenbräukeller am Stiglmaierplatz zu verlegen.

Broschüre mit der Ankündigung der Rede Hitlers am 8. November 1939

Plakat der NSDAP zu einer Versammlung im Bürgerbräukeller anlässlich der Neugründung der Partei am 27. Februar 1925

Monumente der Bewegung

Im Verlauf der 1920er-Jahre entwickelte sich München – bei gleichzeitigem Exodus freigeistiger Künstler – zu einer Hochburg rechten Gedankenguts. Genau dies wussten die Nationalsozialisten zu würdigen. Während 1933 mit der Errichtung des KZ Dachau der organisierte NS-Terror begann, erhielt die bayerische Metropole den Ehrentitel „Hauptstadt der Bewegung".

Die Protegierung durch den künstlerisch ambitionierten „Führer" höchstselbst schlug sich nicht nur in Propagandaveranstaltungen, sondern auch architektonisch nieder. So war etwa die Umwandlung der zwangsenteigneten Villa der Familie Mann in der Poschinger Straße 1 zum Sitz der Rasseorganisation „Lebensborn" wie ein Sinnbild der Veränderungen. Ein markanter Neubau

Königlicher Platz mit „Führerbau", „Braunem Haus" und Ehrentempeln. Postkarte, 1935

entstand mit dem am 18. Juli 1937 an der Prinzregentenstraße 1 eröffneten monumentalen „Haus der Deutschen Kunst". Die berüchtigte Propagandaausstellung „Entartete Kunst" wurde ganz bewusst nicht hier, sondern im Galeriegebäude am Hofgarten gezeigt.

Federführend bei der Neugestaltung der Stadt war der von Hitler persönlich instruierte Architekt Paul Ludwig Troost. Am deutlichsten sichtbar zeigte sich der neue „Geist" rund um den Königsplatz, der nun, völlig entgrünt und mit 20.000 Granitplatten für Aufmärsche tauglich gemacht, als „Königlicher Platz" das Zentrum des neuen Parteiviertels bildete. Bereits ab 1931 residierte die NSDAP-Zentrale im „Braunen Haus" in der Brienner Straße 34, einem von der Partei erworbenen und umgebauten ehemaligen Adelspalais. Der „Führerbau" wurde Schauplatz des Münchner Abkommens vom 30. September 1938. Dessen Zwilling, der Verwaltungsbau der NSDAP, wurde genau an der Stelle des per Zwangsenteignung in Nazi-Besitz gelangten Palais von Thomas Manns Schwiegervater Alfred Pringsheim errichtet. Zwei Ehrentempel als Grabanlage für die während des Hitler-Putsches 1923 ums Leben gekommenen „Blutzeugen der Bewegung" komplettierten die Anlage.

München hat gelernt, mit den Überresten der braunen Vergangenheit zu leben. Das Haus der Kunst zeigt heute vor allem Ausstellungen zeitgenössischer Werke und beherbergt außerdem den berühmten Promiclub P1. Der Königsplatz wurde teilweise zurückgebaut, in den ehemaligen Führerbau ist die Hochschule für Musik und Theater eingezogen, das NSDAP-Verwaltungsgebäude wurde zum Haus der Kulturinstitute, und an der Stelle des im Krieg zerstörten „Braunen Hauses" befindet sich das NS-Dokumentationszentrum. Die zerstörte Villa der Familie Mann, wo einst der „Zauberberg" Gestalt gewann, wurde unter der Adresse Thomas-Mann-Allee 10 äußerlich originalgetreu wieder aufgebaut und war beim Verkauf im Jahr 2015 mit 30 Millionen Euro die teuerste Villa Münchens. Neuer Besitzer: der niedersächsische Unternehmer Thomas Manns!

Stätten des Schreckens

Im Volksmund wurde die Justizvollzugsanstalt München scherzhaft als „Sankt Adelheim" bezeichnet. Spaßig ging es in Stadelheim freilich nie zu. In der Nazizeit war die JVA zudem nicht nur Gefängnis, sondern eine der zentralen Hinrichtungsstätten. Der Begriff Stadelheim verbreitete ähnlichen Schrecken wie das zum Gestapo-Hauptquartier umfunktionierte ehemalige Kronprinzenpalais der Wittelsbacher oder das KZ Dachau.

„Freinderl kennst du das Haus dort in Sankt Adelheim? Da sperrn's oft kloane Leit und selten große ein", sang Konstantin Wecker, der dort als Kokainsüchtiger 1995 selbst kurz einsaß. Der Text führt jedoch ein wenig in die Irre: Kaum ein anderer Knast in Deutschland kann so viele prominente Insassen aufweisen wie die 1894 eröffnete Anstalt. Sie „beherbergte" unter anderen den späteren Friedensnobelpreisträger Ludwig Quidde (1896, drei Monate wegen Majestätsbeleidigung), den Schriftsteller Ludwig Thoma (1906, sechs Wochen wegen Beleidigung der Kirche) oder den 68er-Politclown Fritz Teufel (1970, U-Haft wegen mutmaßlicher Beteiligung an versuchten Sprengstoffanschlägen). Auch der betrügerische Banker Gerhard Gribkowsky von der Bayern LB, der zündelnde FC-Bayern-Profi Breno oder Beate Zschäpe, die Hauptangeklagte im NSU-Prozess, logierten hier. Kurt Eisner, sein Mörder Anton Graf von Arco auf Valley, Adolf Hitler und Ernst Röhm saßen gar nacheinander in derselben Zelle Nr. 70.

Der SA-Chef Röhm wurde 1934 in dieser Zelle ermordet. Er blieb nicht der Einzige, der in der Nazizeit hinter diesen düsteren Mauern sein Leben verlor. Viele folgten, unter ihnen die Mitglieder der „Weißen Rose". Hans und Sophie Scholl, beim Verteilen von Flugblättern an der Universität beobachtet und nach Denunzierung verhaftet, waren am 21. Februar 1943 zunächst stundenlang an einem anderen Ort des Terrors, dem zur Gestapo-Zentrale umgebauten Wittelsbacher Palais, vernommen worden.

Vom Volksgerichtshof wurden die Geschwister genauso wie Christoph Probst, Willi Graf, Kurt Huber und Alexander Schmorell wegen „Vorbereitung zum Hochverrat“ zum Tode verurteilt und in Stadelheim durch das Fallbeil enthauptet.

Das KZ Dachau wurde 1933 vom damaligen Polizei- und SS-Chef Heinrich Himmler eröffnet, einem gebürtigen Münchner und ehemaligen Musterschüler des Wilhelmsgymnasiums. Heute ist es eine Gedenkstätte für die 41.566 Menschen, die dort dem NS-Terror zum Opfer fielen. In der JVA Stadelheim gibt es einen den Opfern der Gewaltherrschaft gewidmeten gruftartigen Gedenkraum. Im Juli 2020 wurden zudem drei Tafeln an der Außenmauer aufgestellt zur Erinnerung an die 1188 Menschen, die hier zwischen 1934 und 1945 hingerichtet wurden. Eigenartig ist, dass die Zeit davor ausgespart wurde. So findet etwa der 1919 hier getötete Räterepublikaner Gustav Landauer keine Erwähnung.

Königs-Wohnsitz, Räte-Versammlungsort und Gestapo-Hauptquartier: das Wittelsbacher Palais (Foto um 1865). Im Krieg zerstört, steht heute an seiner Stelle ein Gebäude der Bayern LB.

Bodengedenkkultur

Messingplatten im Straßenpflaster, sogenannte Stolpersteine, erinnern in ganz Deutschland an die Opfer der NS-Zeit. Nur in München, der ehemaligen „Hauptstadt der Bewegung“, gibt es überraschend wenige. Sie dürfen hier nämlich nur auf Privatgrund verlegt werden. Dafür finden sich im ganzen Stadtgebiet viele andere Bodengedenkplatten.

Hintergrund für die Stolperstein-Abstinenz Münchens ist die Kritik von Charlotte Knobloch, selbst Überlebende des Holocaust und Präsidentin der Israelitischen Kultusgemeinde München und Oberbayern. Sie fand es „unerträglich“, dass mit Füßen auf Tafeln herumgetreten wird, auf denen die Namen ermordeter Juden eingraviert sind. Der Münchner Stadtrat stoppte daher 2015 die Verlegung von Stolpersteinen und einigte sich drei Jahre später auf

Flugblatt-Denkmal von Robert Schmidt-Matt für die Geschwister-Scholl vor der LMU

eine andere Form des Gedenkens. Statt Stolpersteinen wird nun auf Wandtafeln sowie auf Stelen an individuelle Opfer-Schicksale erinnert.

Dabei gibt es durchaus gelungene Beispiele für eine Bodengedenkkultur. Eine seltene Einheit von Inhalt und Form gelang mit dem 1987 auf dem Gelände der Universität erstellten Denkmal für die Flugblatt-Aktivisten der „Weißen Rose", die zum Widerstand gegen den verbrecherischen NS-Staat aufriefen: In das Pflaster eingelassene Keramikplatten stellen die hier 1943 verteilten Flugblätter dar.

Weniger geglückt erscheinen die Bodenplatten für den gescheiterten Hitler-Attentäter Georg Elser (1989, zwischen Gasteig und GEMA-Haus an der Stelle des ehemaligen Bürgerbräukellers), für den ermordeten USPD-Ministerpräsidenten Kurt Eisner (1973, auf dem Promenadeplatz; 1989, auf der Kardinal-Faulhaber Straße), für die vier Polizisten, die bei der Niederschlagung des Hitler-Putsches am 9. November 1923 ihr Leben ließen (1994, im Pflaster vor der Feldherrnhalle), oder die bunten Betonplatten für die in der NS-Zeit verfolgten Lesben und Schwulen (2017, Oberanger/Dultstraße).

Im Jahr 2010 entschloss sich Oberbürgermeister Ude, der „unglücklichen Häufung von Münchner Bodengedenktafeln" entgegenzuarbeiten und ließ für die vier beim Hitler-Putsch getöteten Polizisten an der Westfassade der Residenz eine neue Tafel anbringen. Und aus der Einsicht heraus, dass nicht nur Könige, Staatsmänner oder Künstler mit großen Denkmälern geehrt werden sollten, wurde im Jahr 2011 am Oberanger eine von Rotraut Fischer entworfene Glasskulptur zum Gedenken an Bayerns ersten Ministerpräsidenten aufgestellt. Auf Augenhöhe angebracht ist dort ein Zitat aus Eisners Proklamation der Revolution: „Jedes Menschenleben soll heilig sein."

Bliebe noch eines der stimmigsten Boden-Erinnerungswerke zu erwähnen: die den Umweg der „Hitlergruß-Drückeberger" symbolisierende geschwungene Spur des Künstlers Bruno Wank in der Viscardigasse (2013).

Krawalle und Munich-Sound

Die „Schwabinger Krawalle“ vom Juni 1962 gelten heute als erster Aufschrei der studentisch geprägten Protestgeneration der 68er. Nicht nur Berlin, sondern auch München war bis in die 1980er-Jahre hinein eine Hauptstadt der Rebellion. Vor allem aber profilierte es sich als ein Zentrum der kritischen und kreativen Künstler, in dem der Sound der Zeit geprägt wurde.

Halb Schwabing war am Abend des 21. Juli 1962 noch in der Leopoldstraße unterwegs, als fünf gitarrespielende Jugendliche kurz vor 23 Uhr den Protest von ruhebedürftigen Anwohnern hervorriefen und damit eine ungeahnte Eskalation auslösten. Der rabiate Versuch der Polizei, die Jugendlichen festzunehmen, führte zu Rangeleien, die sich in den nächsten vier Tagen zu regelrechten Straßenschlachten zwischen gummiknüppelschwingenden Polizisten und Zehntausenden von randalierenden Demonstranten auswuchsen. Es gab hohen Sachschaden und etwa 400 Festnahmen, gegen einige Teilnehmer wurden Strafen verhängt.

In der Zeit der rebellischen Kritik an den herrschenden autoritären Verhältnissen während und nach den 68er-Studentenunruhen entwickelte sich München zu einem Hotspot der Künstler und der Kreativen. Nicht zufällig wurde hier mit May Spils' „Zur Sache, Schätzchen“ im Jahr 1968 einer der ersten Filme gedreht, der den Ansturm der jungen Menschen gegen die Tabus der verspießerten Elterngeneration thematisiert. München war ein Hotspot für „alternative“ Wohn-, Lebens- und Kunstexperimente. Nach Auflösung der Berliner Kommune 1 im November 1969 zog das Münchner Fotomodell Uschi Obermaier zusammen mit Rainer Langhans in die Schwabinger High-Fish-Kommune. Demos, Drogen und Happenings standen auf dem Programm, die immer dann besonders viel mediale Aufmerksamkeit generierten, wenn der Stargast Fritz „Deifi“ Teufel mitmischte.

Auf dem denkmalgeschützten Toilettenhäuschen am Holzplatz sind die Wahlmünchner Freddie Mercury und Rainer Werner Fassbinder verewigt.

In München versammelte sich zudem die linke Avantgarde von Theater und Film. Rainer Werner Fassbinder startete im Mai 1968 in der Amalienstraße mit dem Clan seiner Schauspielerinnen um Hanna Schygulla sein Aktions- beziehungsweise Anti-Theater und produzierte erste „alternative" Filme. Und dann gab es die Musikszene. Die Musicland Studios im Keller des Arabella-Hochhauses waren in den 1970er-Jahren eine international berühmte Adresse. Giorgio Moroder kreierte hier zusammen mit der durch das Musical „Hair" bekannt gewordenen Sängerin Donna Summer eine Synthesizer-Variante der Discomusik, die als „Munich-Sound" populär wurde. Die Weltstars der Rockmusik – von Deep Purple und den Rolling Stones bis hin zu Queen – ließen hier ihre Alben aufnehmen. Einige hatten zeitweise auch ihren Lebensmittelpunkt in München. Freddie Mercury etwa, der von 1979 bis 1985 im Glockenbachviertel wohnte und in der Travestiebar Old Mrs. Henderson eine legendäre Geburtstagsparty feierte.

Go-Go-Girls im „Blow up“, September 1967

Action bei den Samys

68er-Bewegung und Hippie-Kultur, die Suche nach maximaler individueller Freiheit und neuen Formen des gemeinschaftlichen Erlebens vertragen sich nicht mit Geldgeschäften? Das sahen Anusch und Temur Samy anders. Die beiden jungen Männer mit iranischen Wurzeln stampften in den Zeiten von Beat, Demos, Pop und Flower-Power in kürzester Zeit ein riesiges Schwabinger Vergnügungsimperium aus dem Boden.

Alles begann 1967, als der Teppich- und Taxiunternehmer Anusch Samy ins Geschäft seines jüngeren Bruders Temur einstieg. Der betrieb mit dem „Datscha“ überaus erfolgreich das erste kaukasische Restaurant in München. Zunächst verwandelten die Samys den „Hacklwirt“ am Wedekindplatz in das poppige „Drugstore“, eine Mischung aus Disco, Brasserie und kleinen Läden. „Etwa 2000 Mini-Mädchen und Beat-Boys besuchen täglich das Mammut-Lokal und lassen 6000 Mark zurück“ berichtete der Spiegel beeindruckt. Es folgte das monströse Action-Center „Blow up" am Elisabethplatz, das bald europaweit einen Ruf als wildeste Disco mit dem höchsten Mitmach-Faktor genoss. Hier konnten die oft prominenten Gäste auf einer Gangway über verschiedene Ebenen flanieren, 250 Scheinwerfer zuckten im Rhythmus der Songs, Go-Go-Girls und Happenings in einem Swimmingpool sorgten für besondere Reize. Im Oktober 1968 eröffneten die Brüder dann die „Città 2000", Deutschlands erstes kombiniertes Vergnügungs- und Einkaufszentrum mit Kino, Kneipen und Boutiquen, schließlich folgte der rustikal-bayerische Schmankerl-Tempel „Bretzn".

Die Samys verstanden sich aufs Marketing. Den Job des Datscha-Geschäftsführers übernahm ein desertierter russischer Pilot, zur Eröffnung des Drugstores wurde ein langhaariger Gammler öffentlich gewaschen, im Blow up traten nicht nur Superstars wie Pink Floyd auf, sondern es produzierten sich dort auch die langhaarigen APO-Rebellen. Der eigentliche Clou bestand aber darin, dass die Samys ihre Betriebe auf eine Anlagegesellschaft überschrieben und dann Genussscheine unter das Volk brachten. Das Versprechen: Wer einen Anteilschein über 100 DM erwarb, konnte einmal im Jahr in einem Samy-Laden für 13 DM frei zechen. Das Ergebnis waren treue Kunden und Zuschüsse für neue Unternehmungen.

Das System funktionierte freilich nicht lange. Als das vereinnahmte Geld zur Finanzierung der hochfliegenden Pläne nicht mehr reichte, mussten erst Kredite und dann potente Teilhaber die Lücken schließen. Das Ende vom Lied: Anusch Samy, erst 35 Jahre alt, kam im März 1970 bei einem Flugzeugabsturz ums Leben, Bruder Temur stand vor einem Berg von Schulden, das Imperium brach zusammen. Völlig verarmt starb er 2004 in Spanien. In der Feilitzschstraße 12 erinnert noch der Schriftzug „Drugstore" an die wilden Party-Zeiten.

Unzüchtige Gisela

Das Schwabinger Nachtlokal „Bei Gisela" in der Occamstraße 8, 1952 von der damals erst 23-jährigen Gisela Jonas aus Moers (Nordrhein-Westfalen) eröffnet, war bis Mitte der 1970er-Jahre eine Münchner Institution. Markenzeichen der Kneipe war eine angeblich aus Platzmangel zurechtgebogene krumme Laterne. Neben dieser sang die Wirtin jeden Abend mit rauchiger Stimme für damalige Zeiten ungewohnt unanständige Chansons. „Der Novak lässt mich nicht verkommen ... / Der Novak liebt mich nicht im Kalten, / Sein ein Thermometer musst' ich halten ...". Manche Lieder landeten auf dem Index, ein Richter nannte die Wirtin „eine gebildete Dame mit stark unzüchtigem Charakter". Gerade deswegen blieb der Laden immer voll, Menschen aus allen gesellschaftlichen Schichten verkehrten hier genauso wie Prominente aller Couleur. Schauspieler, Künstler und Politiker gaben sich die Ehre, und der junge Udo Jürgens saß manchmal am Klavier.

Die Schwabinger Gisela in Aktion. Ihre Laterne schmückt heute den Wedekindplatz.

Haie beim Schwabylon

München beherbergt einen Zirkus mit festem Stammsitz („Kronebau“) und besitzt mit dem 1911 eröffneten Tierpark Hellabrunn den ersten Geozoo der Welt. Die meistdiskutierte Tiersensation war aber 1971 direkt neben dem riesigen Einkaufs- und Freizeittempel „Schwabylon“ zu bestaunen. Dort schwammen in der Discothek „Yellow Submarine“ 36 Haie und Riesenschildkröten in einem 600.000-Liter-Tank herum. In diesen war wie eine Taucherglocke ein dreistöckiger Clubraum versenkt. Bullaugen, viel eisernes Gestänge und Röhren verliehen dem Lokal gruselige U-Boot-Atmosphäre. Sowohl das Schwabylon wie das Yellow Submarine waren legendär, sind aber schon längst wieder Geschichte und der Abrissbirne zum Opfer gefallen. Wer einen echten, vier Meter langen Weißen Hai in Augenschein nehmen will, muss heute das Deutsche Jagd- und Fischereimuseum in der Neuhauser Straße aufsuchen. Das Prachtstück ist ausgestopft.

Die Räumlichkeiten des ehemaligen „Yellow Submarine“ an der Leopoldstraße 194

Heitere Spiele mit Tränen

Die XX. Olympischen Sommerspiele von 1972 in München sollten nach dem Wunsch der Planer heiter und leicht sein. Unpolitisch und unpathetisch sollten sie ein Signal setzen für Frieden und Völkerverständigung. Und genau so begannen sie auch am 26. August vor 80.000 Menschen unter dem ebenso spektakulären wie verspielt-luftigen Zeltdach aus Acrylglas-Platten.

Bei der fröhlichen Eröffnungsfeier hatte internationales Flair genauso seinen Platz wie Schuhplattler-Lokalkolorit und das symbolträchtige Aufflattern von 5000 Friedenstauben. Für die sportlichen Höhepunkte sorgten der unglaubliche US-Schwimmer Mark Spitz, der sieben Goldmedaillen holte und dabei jeweils einen Weltrekord aufstellte, sowie aus bundesdeutscher Sicht Gold-Athleten wie die Weitspringerin Heide Rosendahl, der Speerwerfer Klaus Wolfermann und die erst 16 Jahre alte Ulrike Meyfarth im Hochsprung.

Am 4. September jubelten noch alle über das Überraschungs-Gold von Meyfarth, doch kurz darauf, am frühen Morgen des 5. September, zerstörte der Überfall der palästinensischen Terrorgruppe „Schwarzer September" auf das israelische Team jäh die Heiterkeit. Zwei israelische Sportler konnten aus dem Haus Connollystraße 31 im Olympiadorf flüchten, zwei wurden erschossen, neun wurden in Geiselhaft genommen. Das Ziel der Terroristen war die Freipressung von in bundesdeutscher und israelischer Haft einsitzenden Gesinnungsgenossen. Das Kommando musste dieses Vorhaben nach langen Verhandlungen mit dem Krisenstab unter Innenminister Hans-Dietrich Genscher schließlich aufgeben.

Eröffnung der Spiele mit typisch bayerischer Animation

Die Einigung lautete nun: freier Abzug samt Geiseln und Flug in die ägyptische Hauptstadt Kairo.

In der Nacht zum 6. September folgte das blutige Ende des Dramas. Bei einem völlig missglückten Polizeieinsatz auf dem Militärflughafen in Fürstenfeldbruck kamen alle neun Geiseln und ein Polizist ums Leben, fünf Attentäter wurden getötet, drei festgenommen. Noch am selben Tag rief IOC-Präsident Avery Brundage die berühmt gewordenen Worte ins Olympiastadion: „The games must go on!“ Und so gingen die nur kurz unterbrochenen Spiele tatsächlich weiter, Fröhlichkeit aber stellte sich keine mehr ein.

Der Dackel Waldi war das erste offizielle Olympia-Maskottchen überhaupt.

Nahezu vergessen sind heute die rund 1000 „Olympia-Events“ in der ganzen Stadt. Vieles hatte man zuvor so noch nicht gesehen, etwa die Spielstraße am Ufer des Olympiasees. Im Amphitheater „Theatron“ sowie auf 21 Bühnen boten 220 Künstler aller Art – Clowns und Zauberer, Akrobaten und Jongleure, Aktionskünstler und Tänzer, Bildhauer und Musiker – ein buntes Spektakel rund um das Thema Sport. Die internationale Szenerie, das Heitere und leicht Verrückte wurde vorbildlich für viele kulturelle Feste, die noch kommen sollten.

Der „Olympia-Eremit“ Timofej Prochorow im Jahr 1989 vor seiner Kirche

Timofejs Marienerscheinung

Vom kleinwüchsigen Liebesbrief-Boten Josef „Finessensepperl“ Huber (1763–1829) ist der Spruch überliefert: „Nix Gwiss woass mer net“. Zu Timofej Prochorow, der am 13. Juli 2004 im Alter von angeblich 110 Jahren gestorben ist, hätte der gegenteilige Spruch gepasst: „Gwiss woass i's.“ Im Jahr 1952 in München gestrandet, baute der Russe mit seiner Gefährtin Natasha auf dem Oberwiesenfeld aus dem dort reichlich vorhandenen Kriegsschutt ein Häuschen und schließlich zu Ehren der Jungfrau Maria die kleine „Ost-West-Friedenskirche“. Im Jahr 1943, erzählte „Väterchen Timofej“, sei ihm nach einer Begegnung mit deutschen Soldaten am Don die Muttergottes im Traum erschienen und habe ihn geheißen, westwärts zu ziehen und eine Kirche für die friedliche Vereinigung aller Christen zu bauen. Dass der heute von einem Verein betreute Schwarzbau nicht einmal den Planungen für den Olympiapark hat weichen müssen, war wohl auch ein kleines Marienwunder.

Nobelpreisträger

Schon 1901 wurde mit Wilhelm Conrad Röntgen der erste Münchner Professor mit dem Nobelpreis ausgezeichnet. Bis 2020, als Reinhard Genzel für seine Verdienste um die Erforschung von Schwarzen Löchern mit dem Preis geehrte wurde, folgten viele weitere Münchner: Chemiker, Physiker, Mediziner, Literaten sowie ein Historiker und Politiker, der für seine pazifistischen Aktivitäten, wie sie etwa beim Weltfriedenskongress 1907 in München zum Ausdruck kamen, den Friedensnobelpreis erhielt.

Die Liste der Preisträger, die in München gelernt, geforscht, gelehrt oder gearbeitet haben:

CHEMIE: Adolf von Baeyer (1905), Richard Willstätter (1915), Heinrich Wieland (1927), Hans von Euler-Chelpin (1929), Hans Fischer (1930), Adolf Butenandt (1939), Ernst Otto Fischer (1973), Johann Deisenhofer und Robert Huber (1988), Rudolph A. Marcus (1992), Gerhard Ertl (2007), Joachim Frank (2017)

PHYSIK: Wilhelm Conrad Röntgen (1901), Wilhelm Wien (1911), Max von Laue (1914), Werner Heisenberg (1932), Rudolf Ludwig Mößbauer (1961), Klaus von Klitzing (1985), Ernst Ruska und Gerd Binnig (1986), Wolfgang Paul (1989), Wolfgang Ketterle (2001), Theodor W. Hänsch (2005), Reinhard Genzel (2020)

MEDIZIN: Konrad Bloch und Feodor Lynen (1964), Karl Ritter von Frisch (1973), Erwin Neher (1991)

LITERATUR: Paul Heyse (1910), Thomas Mann (1929)

FRIEDEN: Ludwig Quidde (1927)

Die München-Partei

Ganz Bayern ist schwarz wie die CSU. Ganz Bayern? Nein, die beiden größten Städte Nürnberg und München haben eine lange SPD-Tradition und sind (meist) rote Farbkleckse auf der politischen Landkarte Bayerns. Seit 1948 kam auch der Oberbürgermeister in München bis auf eine Ausnahme stets von der SPD. Doch die Macht der selbsternannten München-Partei wackelt.

Am 5. Dezember 1893 zog mit Georg Birk zum ersten Mal ein Sozialdemokrat in den Stadtrat ein, schon 1914 hatte die SPD dort erstmals die Mehrheit erlangt, fünf Jahre später stellten die Roten mit Auguste Halbmeier und Hedwig Kämpfer auch die ersten Stadträtinnen. Bereits 1870 waren in den Vierteln der Arbeiter und kleinen Leute die ersten SPD-Ortsvereine entstanden. Stadtteile wie Giesing, Haidhausen, Sendling, Westend oder Milbertshofen und Laim, in denen soziale Gerechtigkeit ein großes Thema war, entwickelten sich zu „roten Hochburgen". In den 16 Kommunalwahlen von 1946 bis 2020 war die SPD neunmal die stärkste Partei, 1966 hatte sie einen Stimmenanteil von fast 60 Prozent. 2008 immer noch bei 40 Prozent büßten die Roten dann bis 2020 die Hälfte ihrer Stimmen ein.

Nach 1945 war die Stadt fest in den Händen der SPD. Der hemdsärmelige Thomas Wimmer war in der Zeit des Wiederaufbaus nach dem Zweiten Weltkrieg genau der Richtige. Im Oktober 1949, als er erstmals zum „Rama Dama", zum gemeinsamen Wegräumen der Kriegsschäden und Schutthalden aufforderte, folgten seinem Aufruf Tausende von Freiwilligen. Nur beim Oktoberfest-Bierzapfen hatte er Probleme: Bei seiner Premiere 1950 benötigte er 17 Schläge und hält damit bis heute den Negativrekord.

1960 folgte der erst 34-jährige Hans-Jochen Vogel, unter dem der Stadt mit dem Bau der U-Bahn und zahlreichen ambitionierten Projekten der Sprung in die Moderne gelang. Georg Kronawitter, legendärer „Anwalt der kleinen Leute", gewann gleich drei

Wahlen. Unterbrochen wurde seine Ära ab 1978 durch die sechsjährige, von Skandalen um die sogenannte „Bauland-Affäre“ umwitterte Amtszeit des CSU-Mannes Erich Kiesl. Weil die zerstrittenen Genossen ihren Spitzenmann partout nicht hatten aufstellen wollen, hatte Kiesl – auch dank prominenter Wahlkampf-Unterstützung durch den „Kaiser“ Franz Beckenbauer – die Gunst der Stunde nutzen können.

Christian Ude, der 1993 das bereits unter Kronawitter begonnene Bündnis mit den Grünen fortsetzte, konnte bei seiner Wiederwahl 2008 fast 67 Prozent der Wählerstimmen erzielen – und lag damit immer noch unter dem Rekordergebnis von Hans-Jochen Vogel, der 1966 auf unfassbare 78 Prozent kam. Dieter Reiter setzte schließlich ab 2014 die Ära der roten Oberbürgermeister fort. Allerdings nur mithilfe der Grünen, die inzwischen zur neuen „München-Partei“ aufgestiegen sind.

„Ozapft is!“: 2005 stellte der gut trainierte und auch als Kabarettist taugliche Oberbürgermeister Christian Ude beim Anzapfen des ersten Oktoberfest-Fasses im Schottenhamel-Zelt mit zwei Schlägen einen neuen Rekord auf.

Amigos im Wienerwald

„Wir brauchen keine Opposition, weil wir sind schon Demokraten“, so beschrieb der Kabarettist Gerhard Polt einmal das Motto der CSU. Im Gegensatz zur Stadtpolitik wird die bayerische Politik seit 1957 ausschließlich von den Christsozialen bestimmt. Nicht immer mit überzeugenden Ergebnissen. So ist es zum Beispiel trotz Edmund Stoibers Prophezeiung auch heute noch nicht möglich, in zehn Minuten mit dem Transrapid zum Flughafen zu gelangen, wenn man „in den Hauptbahnhof einsteigt“.

Die entscheidenden Absprachen und Meinungsäußerungen finden nur selten auf Pressekonferenzen, im Landtag oder in den Räumen der Staatskanzlei statt und schon gar nicht im nominellen Amtssitz des Ministerpräsidenten, dem Prinz-Carl-Palais am

Franz-Josef Strauß und Wienerwald-Chef Friedrich Jahn im März 1971

Franz-Josef-Strauß-Ring. Zumal dessen Namensgeber, als Großmeister der deftigen Kampfreden und bis heute ein Abgott der CSU, die Markierungspunkte seines politischen Selbstverständnisses meist anderswo setzte.

Am 24. November 1976 – fünf Tage nach dem in Wildbad Kreuth gefassten Beschluss der CSU-Führung, sich von der CDU zu trennen – suchte Strauß die Elsenheimer Straße 61 auf. Das Gebäude im Münchner Westend beherbergte damals im Parterre eines der unzähligen Wienerwald-Restaurants, in den Büros darüber hatte der millionenschwere Strauß-Spezi Friedrich Jahn die Zentralverwaltung seines aus bescheidenen Anfängen im „Linzer Stüberl" (Amalienstraße) entwickelten Hendl-Konzerns. Strauß sprach hier in einem Schulungsraum „privat" vor dem Landesausschuss der Jungen Union. Helmut Kohl sei „total unfähig" und werde „nie Kanzler werden" wetterte er, in der CDU gebe es nur „politische Pygmäen" und „Zwerge im Westentaschenformat". Was er nicht wusste: Ein Unbekannter schnitt Teile der Rede mit und brachte sie an die Öffentlichkeit.

Das weitere Geschehen: CDU und CSU blieben eine Union, Strauß wurde 1980 Kanzlerkandidat und scheiterte gegen den amtierenden Bundeskanzler Helmut Schmidt, Helmut Kohl wurde 1982 Kanzler und blieb es 16 Jahre lang. Der Hendl-Chef Friedrich Jahn musste 1990 als Zeuge im Wienerwald-Untersuchungsausschuss des Bayerischen Landtags zum Vorwurf der zu großzügigen steuerlichen Behandlung seines Konzerns durch das Bayerische Finanzministerium aussagen. Die nächste Amigo-Affäre folgte 1993 und führte zum Rücktritt des Strauß-Nachfolgers Max Streibl, der während seiner Zeit als Finanzminister (1977–1988) Zuwendungen von Industrieunternehmen erhalten hatte. Im Zuge des Verfahrens stellte sich zudem heraus, dass der Hobbyflieger Strauß von seinem Amigo Eduard Zwick – ehemals Bäderkönig und nunmehriger Steuerflüchtling – zwei Flugzeuge geschenkt bekommen hatte. Eines hatte das Luftfahrzeugkennzeichen D-EWKX. EWK meinte: „Er wird Kanzler".

Als Promijäger – wie hier 1980 beim „Mathäser Filmball“ – waren in echt Michael Graeter (rechts) und sein Fotograf Franz Hug (links) unterwegs. Sie inspirierten Helmut Dietl zu der Fernsehserie „Kir Royal“.

Bussi Bussi & Schickimicki

Um 1968 waren die Grenzen zwischen der libertären Protestgeneration und den extrovertierten Gesellschaftsgrößen noch fließend. In den einschlägigen Szenetreffs tummelten sich linke Rebellen und Großkritiker ungeniert neben Film- und Showstars, findigen Geschäftemachern und etablierten Geld- und Genussmenschen. Wenig später verfestigte sich dann die Sich-Selbst-Feierei zur typischen Münchner Schickeria.

Eine entscheidende Rolle spielte die Institution des AZ-Klatschkolumnisten. Was der „Hunter“ Johan Baptist Obermaier begonnen hatte, brachte Michael Graeter zur Blüte, der Helmut Dietl zur Figur des rastlosen Reporters Baby Schimmerlos in der

Fernseh-Persiflage „Kir Royal“ (1985) inspirierte. Der auch als sozialkritischer Dramatiker erfolgreiche Darsteller Franz Xaver Kroetz definierte in der Serie den perfekten Kolumnentext so: „Ein bissl Geld, ein bissl Sex, ein bissl Tragik, ein bissl Traum, Märchen, Monarchie, Hochfinanz, Industrie, ein bissl Perversität, das wär' eine Mischung.“

Treffpunkte der schönen und reichen Selbstdarsteller, stets chic, immer ein wenig dekadent und häufig beschickert, waren zu ihrer Glanzzeit etwa Kay' s Bistro am Viktualienmarkt, die Bar Roy in der Altstadt, die Nobeldisco P1 im Haus der Kunst oder in der Maximilianstraße das Schumann's. Und natürlich Gourmet-Adressen wie das Feinkost-Bistro von Gerd Käfer oder Eckard Witzigmanns Tantris. Zu den frühen lokalen Berühmtheiten zählten der 2005 ermordete Modezar und Ludwig-II-Lookalike Rudolph Moshammer, der Musikproduzent Ralph Siegel, „Schätzchen“ Uschi Glas oder die legendären Playboys Gunter Sachs und James Graser.

Wer um die Jahrtausendwende seinen Lamborghini ungeniert im Parkverbot vor der Sonnenterrasse des von Iris Berben und ihrem Gefährten betriebenen Café Roma parkte, befand sich mittendrin im letzten Hotspot der Bussi-Bussi-Gesellschaft. FC-Bayern-Spieler, Stars und Sternchen aus dem bayerischen Hollywood in Geiselgasteig sowie andere Größen aus Wirtschaft und Showgeschäft inszenierten sich auf einer mondänen Bühne des Sehens und Gesehenwerdens. Das opulente Ragout der historistischen Fassaden in der Maximilianstraße setzt(e) dem glamourösen Wichtigtun dieser Prominenten, Halbprominenten und Adabeis einen eigentümlich stimmigen Rahmen.

In den letzten Jahren hat sich neben der im Promi-Marathon ehrenvoll verknitterten Ex-68erin Uschi Glas eine neue Schickeria-Generation um Michael Käfer und Giulia Siegel gebildet. Buntes Treiben gibt es nur noch in reduzierter Form, aber in den superedlen Kreditkarten-Entladungsstationen der Maximilianstraße kann man immer noch einige Restexemplare dieser Spezies beobachten.

Fernsehserien en masse

Es gibt zahllose Filme Münchner Regisseure mit München-Bezug. Legende geworden sind aber vor allem Fernsehproduktionen aus den 80ern, allen voran die Helmut-Dietl-Serie „Monaco Franze". Der unvergleichliche „Stenz" Helmut Fischer wurde an der Münchner Freiheit sogar mit einem Denkmal geehrt. Als Meister der Münchner Milieustudie hat sich der Drehbuchautor und Regisseur Franz Xaver Bogner in die Fernsehgeschichte eingeschrieben. Und bis heute unübertroffen ist, wie der gebürtige Münchner Gerhard Polt dem Volk auf's Maul g'schaut hat.

DIETL-SERIEN:

Münchner Geschichten (1974–1975): „Tscharlie" & Co. in den wilden 70ern.
Der ganz normale Wahnsinn (1979–1980): permanenter Beziehungskummer.
Monaco Franze (1981–1983): „A bisserl was geht immer."
Kir Royal (1985): Klatsch-Reporter Baby Schimmerlos verfolgt die Schickeria.

Szene aus „Monaco Franze – der ewige Stenz" mit Gisela Schneeberger und Helmut Fischer

BOGNER-SERIEN:

Zeit genug (1982): Provinzjunge in der Großstadt.
Familie Meier (1981–1983): Probleme einer Kleinbürgerfamilie.
Irgendwie und Sowieso (1986): wilde Spät-68er im Münchner Landkreis.
Zur Freiheit (1987–1988): die „Weißwurst-Paula" beim Schlachthof.
Café Meineid (1990–2003): Fälle aus dem Münchner Amtsgericht.
Moni's (!) Grill / München Grill (2016, 2018): narrisches G'red.
Über Land (ab 2017): Richter hängt an München.

WEITERE SERIEN (AUSWAHL):

Der Bastian (1973): Horst Janson vor dem Ernst des Lebens.
Fast wia im richtigen Leben (1979–1988): scharf-witzige Sketche vom Feinsten.
Der Millionenbauer (1979, 1987): Bauland-Boom am Stadtrand.
Meister Eder und sein Pumuckl (1982–1988): Schabernack satt.
Unsere schönsten Jahre (1983–1985): Sichverlieben unter Störmanövern.
Weißblaue Geschichten (1984–2016): bayerischer Humor mit Grant.
Die Wiesingers (1984–1988): Der Prinzregent regiert und das Bier fließt.
Rette mich, wer kann (1986): Bestatter Schatz und die Frauen.
Die Hausmeisterin (1987–1992): starke Martha mit Herz.
Der Schwammerlkönig (1988): Ein Frauenheld und viele Schwammerln.
Löwengrube (1989–1992): Kleinbürger vom Prinzregenten bis Adenauer.
Die schnelle Gerdi (1989): jederzeit eigenwillige und g'fühlige Taxifahrerin.
Die zweite Heimat (1992): Tradition & Avantgarde in den 60ern.
Rußige Zeiten (1993): Kaminkehrer Theo im Dauerstreit.

Die Krimi-Hauptstadt

München war Serien-Hauptstadt und ist immer noch Krimi-Hauptstadt. Wenn die Erkennungsmelodie des „Kommissar" ertönte, waren die Straßen in Deutschland leergefegt. „Derrick" avancierte zur meistverkauften Serie der deutschen Fernsehgeschichte: Die Kriminalstorys, die zumeist in vornehmen Villengegenden wie Bogenhausen oder dem Vorort Grünwald spielten, wurden in über 100 Ländern ausgestrahlt.

KRIMISERIEN (AUSWAHL):

Funkstreife Isar 12 (1960–1963): erste bayerische Fernsehserie überhaupt.
Die seltsamen Methoden des Franz-Josef Wanninger (1965–1982): ein Urbayer für „unlösbare Fälle".
Der Kommissar (1968–1975): der Chef und seine Assis im Dauerqualm, dazu ein „Rehbeinchen".
Derrick (1974–1998): Stephan mit Tränensäcken und Harry mit BMW (5er- und 7er-Reihe).
Polizeiinspektion 1 (1977–1988): Kommissar Franz Schöninger lässt es bayerisch menscheln.
Der Alte (Start 1977): Gerd Heymann ergraute in 39 Jahren als Assistent.
Soko München / 5113 (Start 1978): nach einer Idee von Kriminaldirektor Dieter Schenk.
Polizeiruf 110 München (Start 1997): Der einarmige Tauber und der melancholische von Meuffels setzten Akzente.
Siska (1998–2008): Herbert Reineckers Derrick-Aufwasch ohne Tappert.
Unter Verdacht (2002–2019): Dr. Prohacek und Herr Langner gegen den Reiter.
München 7 (2004–2016): Alltag in der Polizeiinspektion.
Die Chefin (Start 2012): Vera Lanz, Erdnüsse und Sprüche von Paul.
München Laim (Start 2012): empathischer und unorthodoxer Ermittler.
München Mord (Start 2014): „Der Irre" als Kommissar der unkonventionellen Art.

TATORT MÜNCHEN:

Der Tatort-Vorspann mit den laufenden Füßen und den Augen wurde am ehemaligen Flughafen München-Riem gedreht. Von 1972 bis 1981 ermittelte Melchior Veigl (Gustl Bayrhammer) mit rustikalem Charme, Dackel Oswald und seinen Mitarbeitern Ludwig Lenz (Helmut Fischer) und Josef Brettschneider (Willy Harlander). Von 1981 bis 1987 durfte der zuvor stets unterforderte Assistent Lenz endlich selbst ermitteln. Die Kommissare Sigi Riedmüller (Günther Maria Halmer), Karl Scherrer (Hans Brenner) und Otto Brandenburg (Horst Bollmann) hatten nur Kurzzeit-Einsätze. Dann kamen Ivo Batic und Franz Leitmair beziehungsweise Miroslav Nemec und Udo Wachtveitl – und der Tatort München wurde Kult.

KOMMISSARE UND HAUPTDARSTELLER (AUSWAHL):

Verena Altenberger, Michael Ande, Gerd Anthoff, Senta Berger, Katharina Böhm, Matthias Brandt, Beppo Brem, Gaby Dohm, Andreas Giebel, Max Grießer, Alexander Held, Luise Kinseher, Wilfried Klaus, Werner Kreindl, Peter Kremer, Jan-Gregor Kremp, Michaela May, Miroslav Nemec, Erik Ode, Rolf Schimpf, Walter Sedlmayr, Edgar Selge, Maximilian Simonischek, Fritz Straßner, Horst Tappert, Karl Tischlinger, Jürgen Tonkel, Udo Wachtveitl, Fritz Wepper.

Legendärer Dauerqualmer: der Kommissar (Erik Ode)

Propeller und Nierengrill

Scheinbar seit Ewigkeiten ist BMW ein Markenzeichen für München. Nach wie vor befinden sich die Zentrale, das Stammwerk und wichtige Abteilungen mit über 34.000 Beschäftigten in der bayerischen Landeshauptstadt. Die ersten Automobile unter dem Label „BMW" wurden allerdings gar nicht in München produziert, ja die Firma hatte anfangs überhaupt nichts mit Kraftfahrzeugen zu tun.

Am Anfang der BMW-Geschichte steht die im Juni 1913 gegründete „Rapp-Motorenwerke-München GmbH", die Flugzeugtriebwerke herstellte. Als Karl Rapp das Unternehmen verließ, wurde die Firma am 21. Juli 1917 in Bayerische Motorenwerke GmbH umbenannt, es drehte sich aber immer noch alles nur um Flugzeugmotoren. 1922 wurde die Motorenbau-Abteilung der inzwischen auf Bremsen spezialisierten Firma samt dem Namen von der 1916 gegründeten Bayerische Flugzeugwerke AG (BFW) übernommen. Die Konzernzentrale und das Stammwerk der BMW Group befindet sich bis heute auf dem ehemaligen BFW-Gelände in München-Milbertshofen.

Im Jahr 1923 begann mit der R 32 die Produktion des ersten BMW-Motorrads. Ab 1928 wurde die Firma durch die Übernahme der Fahrzeugfabrik Eisenach AG zum Automobilhersteller. 1929 kam ein erstes Auto mit dem BMW-Markenzeichen auf den Markt. Der ehemalige Horch-Chefkonstrukteur Fritz Fiedler setzte 1933 erstmals beim BMW 303 einen zweigeteilten, in leicht geneigter Form angelegten Kühlergrill mit abgerundeten Ecken ein: die berühmte BMW-Niere.

Während zu DDR-Zeiten in Eisenach Automobile produziert wurden, konzentrierte man sich in München auf Motorräder. 1952 brachten die Münchner mit dem berühmten „Barockengel" ihr erstes komplett selbstentwickeltes Automobil heraus. Die teuren

Oberklassemodelle 501/502 waren jedoch ein wirtschaftlicher Misserfolg, genauso wie der zeitgleich entwickelte Design-Genuss BMW 507. Von dem in Lizenz produzierten Rollermobil „Isetta“ wurden zwar 160.000 Stück verkauft, doch ein nachhaltiger wirtschaftlicher Erfolg war auch damit nicht gesichert.

Die Rettung aus der Krise gelang erst ab 1960 mit dem Einstieg von Herbert Quandt, der Übernahme der Hans Glas Automobilwerke in Dingolfing und der Einführung der „Neuen Klasse“. Der Mitteklasse-Wagen BMW 1500 und die folgenden 02er-Modelle punkteten mit gefälligem Design und sportlichem Fahrverhalten. Größter Schlager wurde schließlich die 3er-Baureihe. Allein von dem ab 1990 produzierten E 36 wurde über 2,7 Millionen Exemplare verkauft. Heute werden längst Elektromodelle hergestellt. Auch diese ziert noch immer die typische, inzwischen breiter gewordene BMW-Niere. Sie ist allerdings nur noch ein Gestaltungselement: luftgekühlte Elektromotoren benötigen keinen Kühlergrill.

Der berühmte „Barockengel“ aus der Polizeiserie „Funkstreife Isar 12“

Die Firma residiert bereits seit 1973 in dem weithin sichtbaren und ästhetisch ansprechenden Hauptverwaltungsgebäude, dem 101 Meter hohen BMW-Vierzylinder, der zum Münchner Wahrzeichen des Unternehmens geworden ist und inzwischen durch die benachbarte Multifunktionsstätte „BMW-Welt" ergänzt wurde.

Bliebe zuletzt noch, im Zusammenhang mit den beiden anderen Wahrzeichen – Niere und Logo – mit weit verbreiteten Legenden aufzuräumen. Erstens: Der Nierengrill wurde nicht vom Karosseriebauer Ihle aus Bruchsal abgekupfert, es war vielmehr umgekehrt, denn Ihle-Karosserien mit Nierenkühler kamen erst später auf den Markt. Zweitens: Die weitverbreitete These, dass das BMW-Logo einen stilisierten Propeller darstelle, ist nicht ganz richtig. Es ging zunächst nur um die Integration der bayerischen Farben Weiß-Blau ins Emblem. Dessen Präsentation in einem sich drehenden Propeller war 1929 lediglich als Werbegag gedacht.

Bemerkenswert: Die vier Zylinder des BMW-Hauptgebäudes stehen nicht auf dem Boden, sondern hängen an den Kragarmen von vier Stahlbetonrohren. Diese beherbergen Leitungen, Aufzüge und Treppenhäuser.

Hässliche Berühmtheit: der „Toaster“

Toaster-Architektur

Isar-Athen ist nicht überall. Es gibt beziehungsweise gab sogar einige ausgesprochen hässliche Bauwerke in München, zum Beispiel einen riesigen Glaskasten mit dem Charme eines Parkhauses (Europäisches Patentamt, Baujahr 1979), ein Bettenhaus in Form eines Toasters (LMU-Klinikum Großhadern, 1977, Abriss beschlossen), ein 52 Meter hohes, zwischen Betonklötzen platziertes sogenanntes Rotationshyperboloid (Großplastik „Mae West“ am Effnerplatz, 2011), einen Hauptbahnhof in spätsozialistischer Niedergangsästhetik (1960 fertiggestellt, Abriss und Neubau im Gange) oder ein düsteres Bahnstellwerk im Design eines Schlachtschiff-Turms (Hackerbrücke). Weit entfernt von einem Augengenuss ist auch der 2014 zu Luxuswohnungen umgebaute 56 Meter-Maschinenturm des ehemaligen Heizkraftwerks (The Seven). Immerhin glänzt dieses von den alten Schloten gekrönte Bauwerk von innen. Die bodentiefe Verglasung ermöglicht den vermögenden Bewohnern einen atemberaubenden Ausblick.

Staus, Tunnel und Blitzer

Er verläuft zwischen dem Altstadtring und dem (nie fertiggestellten) Äußeren Ring und gehört als typisches Merkmal zu München wie der Englische Garten, ist aber bei weitem nicht so beliebt: der gut 28 Kilometer lange, über viele Brücken und durch noch mehr Tunnel führende „Mittlere Ring“. Münchens Hauptverkehrsader, an deren dichtester Stelle bis zu 160.000 Kfz täglich gezählt werden (Donnersbergerbrücke), ist das Würgehalsband der Stadt und Deutschlands Staustrecke schlechthin. Kaum zu fassen, dass hier trotzdem so viele Temposünder geblitzt werden wie kaum irgendwo sonst.

Statistisch gesehen stehen die Münchner heute rund 40 Stunden pro Jahr im Stau. Die meisten davon verbringen sie am und um den Mittleren Ring. Dabei hätte der, als er im Jahr 1972 nach 45-jähriger Planungs- und Bauzeit endlich rundum geschlossen war, solche Probleme eigentlich verhindern sollen. Selbst nach nicht enden wollenden Aus-, Verbreiterungs- und Tunnelbauten schnürt er immer noch die Lebensadern der Stadt ab. Wenn hier dicht ist, kommt niemand mehr raus aus dem Zentrum, zum Leidwesen der Autofahrer wie auch der Anwohner.

Das erste Bürgerbegehren in München überhaupt betraf 1996 nicht von ungefähr den Mittleren Ring: Die Stadt wurde zum Bau von drei weiteren Straßentunnels gezwungen. Mit dem Petueltunnel (1473 Meter), dem Effner- und Richard-Strauss-Tunnel

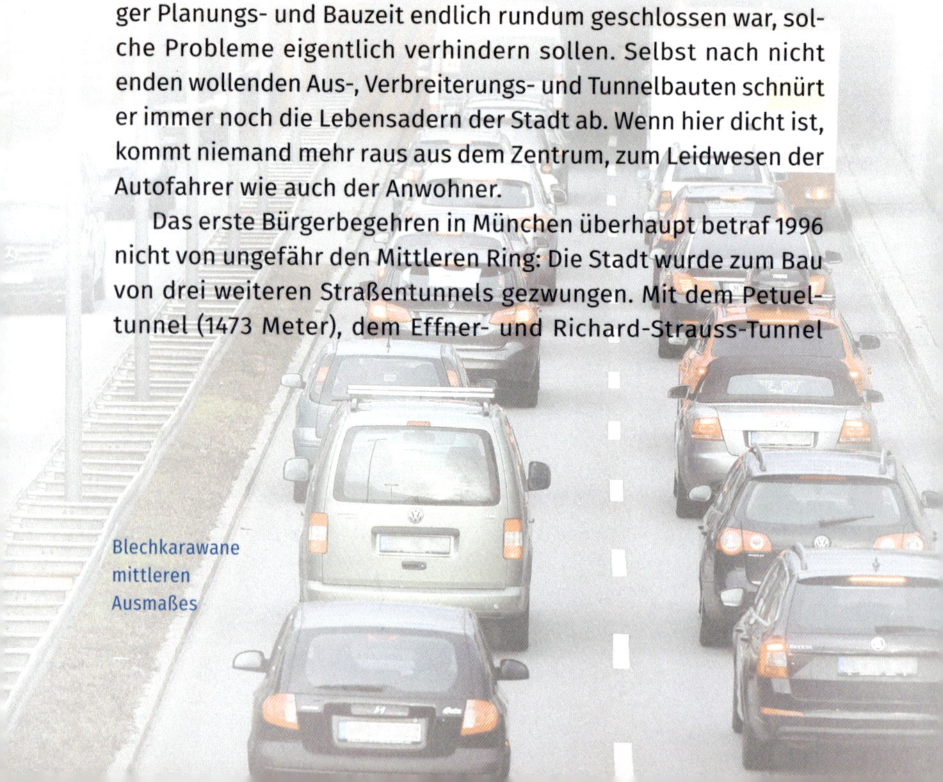

Blechkarawane mittleren Ausmaßes

(1600 Meter) sowie dem Heckenstaller- und Luise-Kiesselbach-Tunnel (2150 Meter) stieg die übertunnelte Strecke auf knapp 30 Prozent beziehungsweise rund acht Kilometer. Und die „Tunnelose“ hält an, weitere Tunnel beziehungsweise Kombinationen von Tunneln an der Tegernseer Landstraße und am Isarring sind in der Planung.

Zig Millionen wurden ausgegeben für den Ausbau des Rings, es werden aber auch Millionen durch ihn reingeholt. Trotz hohen Staufkommens arbeiten hier die Blitzer höchst effektiv. 2015 verhängte die Polizei wegen Geschwindigkeitsübertretungen im Petueltunnel insgesamt mehr als 1,4 Millionen Euro an Bußgeldern. Allein im Tunnel am Luise-Kiesselbach-Platz lauerten 30 Blitzer. Im Mai 2016 wurden in dieser größten Radarfalle Deutschlands 13.000 Autofahrer erwischt, weil sie nicht rasch genug von 60 auf 40 Kilometer pro Stunde heruntergebremst hatten.

Der Verdacht, dass nicht jedes Blitzgerät ausschließlich der Verkehrssicherheit dient, ist sicher nicht unbegründet. Andererseits gibt es notorische Verkehrssünder, denen wohl anders nicht beizukommen ist. Den Blitzerrekord stellte am 23. Mai 2018 ein 24-Jähriger auf, der über 60 Kilometer pro Stunde zu schnell war: Innerhalb einer Stunde wurde er bei seiner wilden Nachtfahrt elfmal geblitzt. Laut Bußgeldkatalog hätten die Tempoverstöße eine Gesamtstrafe von 3760 Euro ergeben. Das Gericht forderte weniger, an einem Fahrverbot kam der Raser jedoch nicht vorbei.

Der Mittlere Ring mit seinen Tunneln

Limitierte Skyline

München wird gern als „Millionendorf“ bezeichnet. Nicht ganz zu Unrecht, denn die bayerische Metropole ist Deutschlands einzige Millionenstadt (fast) ohne moderne Hochhäuser. Ihre Skyline wurde seit den 1970er-Jahren neben Kirchtürmen vor allem vom Olympiaturm, dem BMW-Vierzylinder sowie dem 176-Meter-Kamin des Heizkraftwerks Süd bestimmt, der ab Sommer 2020 stückweise abgetragen wurde.

Seit 2004 gilt in München die Vorschrift, dass kein Gebäude in der Stadt die beiden Türme der Frauenkirche überragen darf. Das heißt: Es darf nicht höher als 99 Meter gebaut werden. Alt-OB Georg Kronawitter, der noch 1981 den 114 Meter hohen HVB-Tower genehmigt hatte, war damals mit einem von ihm initiierten Bürgerentscheid gegen weitere „Vierkantbolzen“ erfolgreich. Allerdings nur sehr knapp: Bei einer Wahlbeteiligung von lediglich 21,9 Prozent unterstützten 102.000 Wähler und damit 50,8 Prozent das Verbot. Die Folge war, dass zwei vom Stadtrat bereits genehmigte 140-Meter-Hochhausprojekte von Siemens und dem Süddeutschen Verlag noch gestoppt wurden. Die zu diesem Zeitpunkt eben fertiggestellten Projekte – die Highlight Towers in der Parkstadt Schwabing (126 bzw. 113 Meter) sowie der O_2-Tower (Uptown) am Georg-Brauchle-Ring im Münchner Stadtteil

Moosach (146 Meter) – sind somit bis heute die letzten in der Stadt errichteten Hochhäuser. Die Frage ist, wie lange das 38-stöckige Uptown noch der Höhen-Spitzenreiter bleiben wird. Während dem Stadtrat im Februar 2020 der Entwurf einer neuen Hochhausstudie vorgestellt wurde, geriet bereits ein konkretes Projekt des Großinvestors Ralf Büschl in die Diskussion: zwei 155-Meter-Türme mit konkaver Wölbung auf dem Areal der Paketposthalle an der Friedenheimer Brücke, entworfen von den renommierten Basler Architekten Herzog & de Meuron, den Schöpfern der vielgelobten Allianz-Arena.

Von den Gegnern wird vor allem befürchtet, dass das Projekt die alten Sichtachsen stören oder gar zerstören könnte, im konkreten Fall besonders die zwischen Schloss Nymphenburg und Maximilianeum. Die Türme würden – ähnlich wie der O_2-Tower – den Blick vom Vorplatz des Schlosses in Richtung Stadt zu stark beeinträchtigen, sie fügten sich nicht proportioniert in ihr Umfeld ein. Befürworter markanter Neubauten hingegen fragen, warum sich eine Stadtplanung in der Gegenwart immer noch der herrschaftlichen Geste von in monarchischer Zeit entworfenen Sichtachsen unterwerfen müsse. Es geht also um ganz grundsätzliche Fragen: Soll der Anblick der historischen Substanz stets völlig unverändert bleiben? Oder soll sich die Stadtplanung befreien von der prinzipiellen Einengung durch Konzepte, die zuallererst der Konservierung der Vergangenheit verpflichtet sind?

Münchner Abendstimmung mit Olympiaturm (291 Meter), BMW-Vierzylinder (101 Meter) und Uptown (146 Meter)

Das Quiz für München-Experten

1. Wie groß ist der Höhenunterschied zwischen den Türmen der Frauenkirche?

a) 0 Zentimeter
b) 12 Zentimeter
c) 100 Zentimeter

2. Wie heißt das erst 2019 geschlossene älteste Kino Münchens?

a) Luitpold
b) Mathäser
c) Neues Gabriel

3. Worauf geht der Name „Stachus" für den Karlsplatz zurück?

a) Auf den beliebten Wirt Eustachius Föderl
b) Auf den tschechischen Kunsthändler Petr Stacho
c) Auf die Grillstube von Stanislas Churasziewski

4. Wie hieß das Maskottchen der Olympischen Spiele von München 1972?

a) Waldi
b) Wastl
c) Wiggerl

5. Welchem Motiv folgt die Darstellung der Maria auf der Mariensäule?

a) Mater Dolorosa
b) Regina Caeli
c) Maria Lactans

6. Warum ist die Weißwurst weiß?

a) Weil kein Nitritpökelsalz drin ist
b) Weil kein rotes Fleisch drin ist
c) Weil das Fleisch mit Chlor gebleicht wurde

7. Wo feierten die Bayern ihren ersten Bundesligatitel 1969?

a) Auf einem Parkplatz an der Blumenstraße
b) Auf dem Rathausbalkon
c) Auf einem Podest vor dem Rathaus

8. Was bedichtete der Wahlmünchner Frank Wedekind als Werbetexter?

a) Dallmayr-Kaffee
b) Maggi-Würze
c) Develey-Senf

9. Wer wurde auf einem Plakat an der Theatinerkirche als Ludwig II. dargestellt?

a) Rudolph Moshammer
b) Christian Ude
c) Franck Ribéry

10. Was ist das Besondere der Uhr am Südturm des Isartors?

a) Sie läuft sprunghaft
b) Sie läuft rückwärts
c) Sie läuft spiegelverkehrt

11. Welche Restaurantkette hat ihre erste Filiale am Viktualienmarkt eröffnet?

a) McDonalds
b) Nordsee
c) Wienerwald

12. Welche Zeitung wurde nicht im „Münchner Buchgewerbehaus“ in der Schellingstraße gedruckt?

a) Bild
b) Abendzeitung
c) Völkischer Beobachter

13. Wodurch wurde Joseph von Fraunhofer berühmt?

a) Fernrohrbau
b) Stethoskop-Entwicklung
c) Kontaktlinsenforschung

14. Was schleuderte der Politclown Fritz Teufel im Juni 1968 dem Wirt des „Weinbauer“ in Schwabing angeblich ins Gesicht?

a) Einen Leberkäs mit Ei
b) Ein Gammler-Schnitzel
c) Ein Nazi-Ramasuri

15. Was ist auf dem ältesten Foto Münchens vom 13. April 1839 zu sehen?

a) Die Feldherrnhalle
b) Die Frauenkirche
c) Der Glaspalast

16. Zu Füßen der Mariensäule kämpfen Heldenputti gegen vier als Tiere dargestellte Plagen: die Ketzerei, den Krieg, den Hunger und ...

a) die Pest
b) die Trunksucht
c) die Wollust

17. Das Glockenspiel im Rathausturm stellt zwei Ereignisse aus der Münchner Stadtgeschichte des 16. Jahrhunderts nach. Welches gehört nicht dazu?

a) Der Schäfflertanz (nach Pestepidemie)
b) Die Fürstenhochzeit von 1568
c) Die Eröffnung des Hofbräuhauses 1589

18. Im Haupttorbogen des Karlstors befinden sich Darstellungen von vier Münchner Originalen: Josef Sulzbeck, Georg Pranger, Joseph Huber und ...

a) Franz Xaver Krenkl
b) Hans Blädel
c) Karl Valentin

19. Um wie viel schneller fahren die Rolltreppen der Münchener Verkehrsgesellschaft an der Theresienwiese während des Oktoberfestes?

a) 0,08 Meter/Sekunde
b) 0,18 Meter/Sekunde
c) 0,28 Meter/Sekunde

20. Wie lautete das Verhältnis Besucher/konsumierte Maßen beim Oktoberfest 2019?

a) 6,3 Millionen/7,3 Millionen
b) 7,3 Millionen/6,3 Millionen
c) 7,3 Millionen/7,3 Millionen

21. Auf welchen Punkt in München beziehen sich die Entfernungsangaben auf Straßen?

a) Max-Joseph-Denkmal (Max-Joseph-Platz)
b) Mariensäule (Marienplatz)
c) Bavaria (Theresienwiese)

22. Welche Deutschland-Premiere gab es im April 1899 in München?

a) Den persönlichen Führerschein
b) Die erste Rad-Etappenrundfahrt
c) Das erste Motorradrennen

23. Welcher Ausspruch wird dem Münchner Original „Finessensepperl" zugeschrieben?

a) „Nix Gwiss woas mehr net"
b) „Mia san Mia"
c) „Des is a gmahde Wiesn!"

24. Wie viele Personen fasste das größte Oktoberfestzelt aller Zeiten?

a) 10.000
b) 12.000
c) 15.000

25. Was wurde 1841 auf den Namen „Der Münchner" getauft?

a) Eine Lokomotive
b) Eine Wolpertinger-Puppe
c) Ein Riesen-Maßkrug

26. Wer prägte am 12. Februar 1998 den Slogan „Laptop und Lederhose"?

a) Edmund Stoiber
b) Roman Herzog
c) Uli Hoeneß

27. Was waren die sogenannten „Münchner Mustervorstellungen“?

a) Messen für Nymphenburger Porzellan
b) Ein Trachten-TÜV im Löwenbräukeller
c) Separate Operninszenierungen für Ludwig II.

28. Wer bezeichnete Schwabing als „Wahnmoching“?

a) Franziska Gräfin zu Reventlow
b) Thomas Mann
c) August Strindberg

29. Welche Würde erlangte der Erzbischof von München-Freising am 19. April 2005?

a) FC-Bayern-Ehrenmitglied
b) Ehrenbürger von München
c) Bischof von Rom

30. Welche deutsche Novität eröffnete 1892 in der Galeriestraße (Lehel)?

a) Unterauers Biertherme
b) Unsinns Breznautomat
c) Unsölds Halleneisbahn

Quiz-Lösungen

1 b – 12 cm (98,57 zu 98,45 m)
2 c – Neues Gabriel
3 a – Gastwirt „Stachius“ Föderl
4 a – Waldi
5 b – Regina Caeli
6 a – Die Weißwurst enthält Kochsalz, also kein rotfärbendes Nitrit
7 a – Parkplatz Blumenstraße
8 b – Maggi-Würze
9 c – Franck Ribéry
10 c – Spiegelverkehrt von 1-12
11 b – Nordsee (1898)
12 b – Abendzeitung
13 a – Fernrohrbau
14 a – Leberkäs mit Ei
15 b – Frauenkirche
16 a – Die Pest (als „Basilisk“)
17 c – Der Hofbräu war „privat“
18 a – Franz Xaver Krenkl
19 b – 0,18 Meter/Sekunde
20 a – 6,3 Mio. tranken 7,3 Mio.
21 b – Mariensäule
22 a – Persönliche Führerscheine
23 a – Joseph Huber (1763–1829) stellte anonyme Liebesbriefe zu
24 b – Pschorr Bräurosl (1913)
25 a – Eine Maffei-Lokomotive (1841)
26 b – Bundespräsident Herzog
27 c – (Wagner-)Operninszenierungen
28 a – Die „Schwabinger Gräfin“
29 c – Kardinal Ratzinger wurde Papst
30 c – Unsölds Halleneisbahn

Zitate

„Zwischen Kunst und Bier ist München wie ein Dorf zwischen Hügeln hingelagert.“

Heinrich Heine

„Von je weiter einer herkommt, desto mehr passt er nach München.“

Peter Scher und Hermann Sinsheimer (Simplicissimus)

„… es geht nichts über München. Alles andere in Deutschland ist Zeitverschwendung.“

Ernest Hemingway

„Ich bin diese aggressive Gemütlichkeit gewohnt, hier ist alles auf eine wohltuende Weise fad.“

Helmut Dietl

„Die Münchner verstehen es, sich öffentlich auf den Straßen zu amüsieren.“

Wladimir Iljitsch Lenin (Exilant in der Kaiserstraße 46, 1900/01)

„München ist die Diva unter den deutschen Metropolen. Keine andere Großstadt ist so selbstverliebt und setzt sich so gerne in Szene.“

Joseph von Westphalen (Satiriker)

KLARTEXT

Bildnachweis:
Adobe Stock: © engel.ac: S. 20/21, © fottoo: S. 8, S. 55; © W. Heiber Fotostudio: S. 41,© karepa: S. 18; © Rockafox: S. 4/5; © Stefan: S. 6/7; © Stihl024: S. 16, © wernerimages: S. 33; Archiv Christoph Bausenwein (Postkarte W. Zimmermann, München): S. 45 u.; Archiv Christoph Bausenwein (A. Lengauer, München, Nr. 71): S.65; Archiv Christoph Bausenwein (Verlag Otto Hildenbrand, München): S. 38 (kleines Bild), Archiv Christoph Bausenwein: S. 17, 26, 27, 45 o., 46, 51, 57, 61 l., 71 (kleines Bild unten) 73 l., 75, 77; Christoph Bausenwein: S. 10, 11, 23, 24, 25, 28, 42, 59, 71 Mitte, 86, 89, 91, 110, 111; Bayerische Staatsgemäldesammlungen, Alte Pinakothek München CC BY-SA 4.0: S. 31; MPIP-F33: S. 61 r.; Bayerische Staatsbibliothek München/Bildarchiv: S. 81 r.; Georg Böttger, Wittelsbacher Palais um 1865, Museum für Kunst und Gewerbe Hamburg (Public Domain): S. 85; Deutsches Historisches Museum, Berlin: S. 81 l.,Berlin Inv.-Nr.: Do 64/247; picture-alliance / dpa | DB: S. 73 r.; IMAGO/Heinz Gebhardt: S. 43, 90, 92, 96, 99, 102; IMAGO/imagebroker: S. 22, 114/115; IMAGO/Manngold: S. 36; IMAGO /HR Schulz: S. 95 o., IMAGO/Michael Westermann: S. 93 o.; IMAGO/Spöttel Picture: S. 109; IMAGO/Sven Simon: S. 112; IMAGO/Sven Simon: S. 94/95; IMAGO/United Archives: S. 107; IMAGO/Westend61: S. 34/35; IMAGO/ZUMA/Keystone: S. 100; IMAGO/Sports Press Photo: S. 67; IMAGO/United Archives: S. 104; IMAGO/ZUMA Wire: S. 49; picture alliance/akg-images: S. 47; picture alliance/arkivi: S. 82; picture alliance/Sueddeutsche Zeitung Photo/Schellnegger, Alessandra: S. 93 u.; picture alliance/ullstein bild/Heinrich Hoffmann: S. 79; picture-alliance/Mary Evans Picture Library: S. 53; Wikimedia: Eduard Ege, Public domain, via Wikimedia Commons: S. 62; Elisabethmarkt_Muenchen_Graffiti_1.jpg: Oliver Raupachderivative work: syrcro, CC BY-SA 2.5 <https://creativecommons.org/licenses/by-sa/2.5>, via Wikimedia Commons: S. 68; Gemeinfrei (via Wikimedia Commons): S. 69; Joseph Karl Stieler, Public domain, via Wikimedia Commons: S. 37; Maximilian Dörrbecker (Chumwa) CC BY SA 2.5 via Wikimedia Commons https://commons.wikimedia.org/wiki/File:Karte_Mittlerer_Ring_München.png: S. 113; Michael Wolgemut, Liber_Chronicarum_f_225v f.jpg, Gemeinfrei via Wikimedia Commons, https://commons.wikimedia.org/w/index.php?curid=6755229: S. 14; Original Designer: KöpplinVectorized: Schläsinger, Public domain, via Wikimedia Commons: S. 71 (kleines Bild rechts); Philipp Apian, Public domain, via Wikimedia Commons: S. 13; Thomas Theodor Heine, Public domain, via Wikimedia Commons: S. 54; Unknown author, Public domain, via Wikimedia Commons: S. 38 (großes Bild), 97

Bibliografische Information der Deutschen Nationalbibliothek
Die Deutsche Nationalbibliothek verzeichnet diese Publikation in der Deutschen Nationalbibliografie; detaillierte bibliografische Daten sind im Internet über portal.dnb.de abrufbar.

Impressum
1. Auflage März 2022
Lektorat: Kerstin Goldbach
Layout und Satz: Joachim Bartels
Umschlaggestaltung: Guido Klütsch, Köln
Umschlagabbildungen: Imago: /Ralph Peters, /HR Schulz; Gisela Lampe; Wikipedia_Jonny8_CCA3.0; privat
Druck und Bindung: Linsen Druckcenter GmbH, Siemensstraße 12–14, 47533 Kleve

ISBN 978-3-8375-2437-6

KLARTEXT

Jakob Funke Medien Beteiligungs GmbH & Co. KG
Jakob-Funke-Platz 1, 45127 Essen
info.klartext@funkemedien.de
www.klartext-verlag.de